可持续交通前沿问题研究系列丛书

可持续的城市轨道交通
运营路径初探

《可持续的城市轨道交通运营路径初探》编写组　编著

人民交通出版社

北京

内 容 提 要

本书聚焦城市轨道交通可持续运营,系统梳理国内外运营现状。深度剖析技术创新与管理优化策略。结合当下数字化转型趋势,全方位探讨城市轨道交通在新时代背景下的转型路径与发展方向。全书共分6章,内容包括国内城市轨道交通运营现状及展望、可持续的城市轨道交通运营实践与探索、新时代可持续城市轨道交通运营概述、实现城市轨道交通可持续运营的路径、城市轨道交通可持续发展与数字化转型、抢抓机遇提升城市轨道交通运营可持续发展水平等。

本书可供从事城市轨道交通运营的管理与科研人员参考借鉴,亦可供高等院校城市轨道相关专业师生学习使用。

图书在版编目(CIP)数据

可持续的城市轨道交通运营路径初探/《可持续的城市轨道交通运营路径初探》编写组编著. —北京:人民交通出版社股份有限公司,2025.6. —ISBN 978-7-114-20249-0

Ⅰ. U239.5

中国国家版本馆 CIP 数据核字第 2025NV2802 号

Kechixu de Chengshi Guidao Jiaotong Yunying Lujing Chutan

书　　名:	可持续的城市轨道交通运营路径初探
著 作 者:	《可持续的城市轨道交通运营路径初探》编写组
责任编辑:	岑　瑜
责任校对:	赵媛媛
责任印制:	张　凯
出版发行:	人民交通出版社
地　　址:	(100011)北京市朝阳区安定门外外馆斜街 3 号
网　　址:	http://www.ccpcl.com.cn
销售电话:	(010)85285857
总 经 销:	人民交通出版社发行部
经　　销:	各地新华书店
印　　刷:	北京市密东印刷有限公司
开　　本:	787×1092　1/16
印　　张:	6
字　　数:	87 千
版　　次:	2025 年 6 月　第 1 版
印　　次:	2025 年 6 月　第 1 次印刷
书　　号:	ISBN 978-7-114-20249-0
定　　价:	68.00 元

(有印刷、装订质量问题的图书,由本社负责调换)

《可持续的城市轨道交通运营路径初探》
编 写 组

谢 辉　贾文峥　刘 鹏　郭 杰　章 扬
朱 琳　枉 璐　白同舟　夏 雪　张露予
张翠婷　陈厢屹　陈 恺　刘 黎　李 娜
王骏祺　夏利华　李怡莹　孙泽川

PREFACE 前 言

随着全球城市化进程的加速,城市轨道交通已成为缓解交通拥堵、减少碳排放、提升居民出行质量的核心基础设施。然而,快速扩张的城市轨道交通网络也面临着资源约束、环境压力增大、运营效率提升瓶颈与服务质量不均衡等挑战。城市轨道交通的可持续发展,是联合国可持续发展目标在交通运输行业的细化落实,是践行联合国《2030年可持续发展议程》的必然要求,也是推动构建人类命运共同体的重要途径之一。城市轨道交通的可持续发展,是以习近平新时代中国特色社会主义思想为指导,深入贯彻党的二十大精神、二十届三中全会精神的重要体现,是建设安全、便捷、高效、绿色、经济、包容、韧性的可持续交通体系的重要组成部分。城市轨道交通的可持续发展,为支撑我国全面加快建成交通强国,服务经济社会高质量发展,实现"人享其行、物畅其流"美好愿景提供助力。

本书聚焦城市轨道交通"可持续运营"这一核心命题,以理论研究与实际案例为支撑,系统探讨城市轨道交通在新时代背景下的转型路径与发展方向。通过梳理国内外运营现状、剖析技术创新与管理优化策略、结合数字化转型趋势,旨在为行业从业者、政策制定者及研究人员提供理论参考,助力构建安全、便捷、高效、绿色、经济、包容、韧性的城市轨道交通运营体系。

本书结合国家政策,深入浅出地阐述了创作团队的研究成果。全书共分为6个章节,各章节主要内容如下:

第一章介绍了当前国内城市轨道交通运营基本情况,分析了国内外城市轨道交通运营面临的突出问题,并在此基础上提出了"十五五"期间国内城市轨道交通运营发展展望,为后续的可持续运营研究提供了现实基础。

第二章收集了国内外城市轨道交通可持续运营的典型成功案例，并进行了深入剖析。通过对比不同城市、不同模式下的实践探索，总结了可持续发展的经验及启示，为城市轨道交通运营相关方提供一定的参考。

第三章结合新时代发展要求，明确了城市轨道交通可持续发展目标及基本原则，从安全、便捷、高效、绿色、经济、包容、韧性七个方面对可持续城市轨道交通运营进行了全面阐述，初步建立了城市轨道交通运营可持续发展评价体系。

第四章分析了不同时期城市轨道交通的功能定位，从政府、企业、使用者、产业链等多方面分析探究多方协同的整体解决方案，将可持续发展理念贯穿城市轨道交通全生命周期，提出可持续发展需要解决的重点问题。

第五章对城市轨道交通数字化转型进行了分析和研究，阐述了数字化转型的基本概念，提出了城市轨道交通数字化转型的实现路径及城市轨道交通数字化运营理念，分析了城市轨道交通数字化运营与可持续运营的关系。

第六章从国内城市轨道交通线网成型、更新改造与"双碳"转型、公共交通导向开发（Transit-Oriented Development，TOD）综合开发项目大规模投入运营三个方面进行分析，介绍了在中国城市轨道交通快速发展背景下提升城市轨道交通运营可持续发展水平的机遇。

期待本书的出版能为推动城市轨道交通高质量发展贡献智慧，助力构建更绿色、更智能、更包容的未来城市交通。

作　者
2025 年 1 月

CONTENTS 目 录

表目录

图目录

第一章　国内城市轨道交通运营现状及展望

一　当前国内城市轨道交通运营基本情况

截至2024年底,我国31个省(自治区、直辖市)共有58个城市开通城市轨道交通线路362条,运营线路总长度达12168.77公里。其中,2024年新增城市轨道交通运营线路953.04公里,核减运营线路8.81公里;香港开通运营线路10条,运营线路总长度245.3公里;澳门开通运营3条轻轨线路,运营线路总长度16.3公里;台湾地区5个城市共开通运营15条线路,运营线路总长度307.26公里。

从运输能力来看,在31个省(自治区、直辖市)12168.77公里的城市轨道交通运营线路中,大运能系统(地铁)9281.37公里,占比76.27%;中运能系统(含轻轨、跨座式单轨、市域快轨、磁浮交通、自导向轨道系统)2063.63公里,占比16.96%;低运能系统(含有轨电车、电子导向胶轮系统、导轨式胶轮系统、悬挂式单轨)823.77公里,占比6.77%。

从系统制式来看,截至2024年末,31个省(自治区、直辖市)的城市轨道交通运营线路涵盖了10种系统制式,各系统制式占比相对已趋稳,地铁制式仍为主流,占比76.27%,同比增加0.16个百分点;市域快轨制式占比缓步提升,占比13.37%,同比增加0.41个百分点。统计期末,31个省(自治区、直辖市)的城市轨道交通运营线路总体系统制式结构情况见图1-1,各城市轨道交通运营线路长度情况见图1-2。

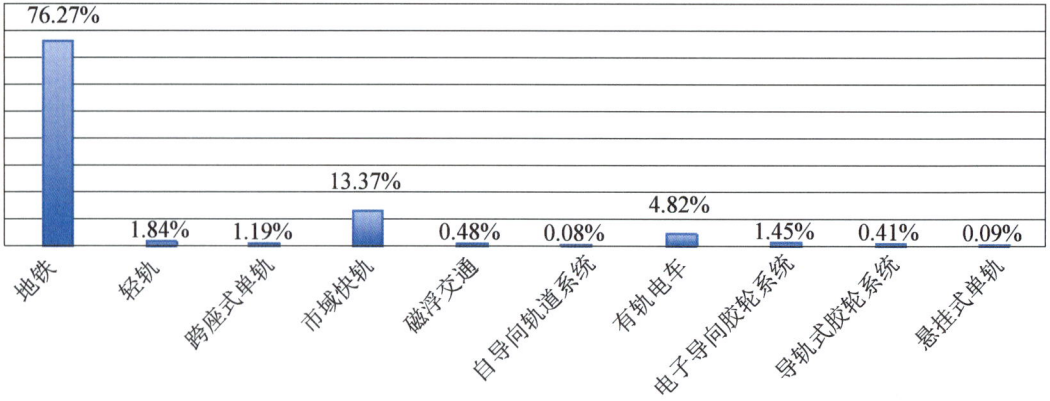

图 1-1　31 个省(自治区、直辖市)城市轨道交通运营线路制式结构情况①(截至 2024 年 12 月 31 日)

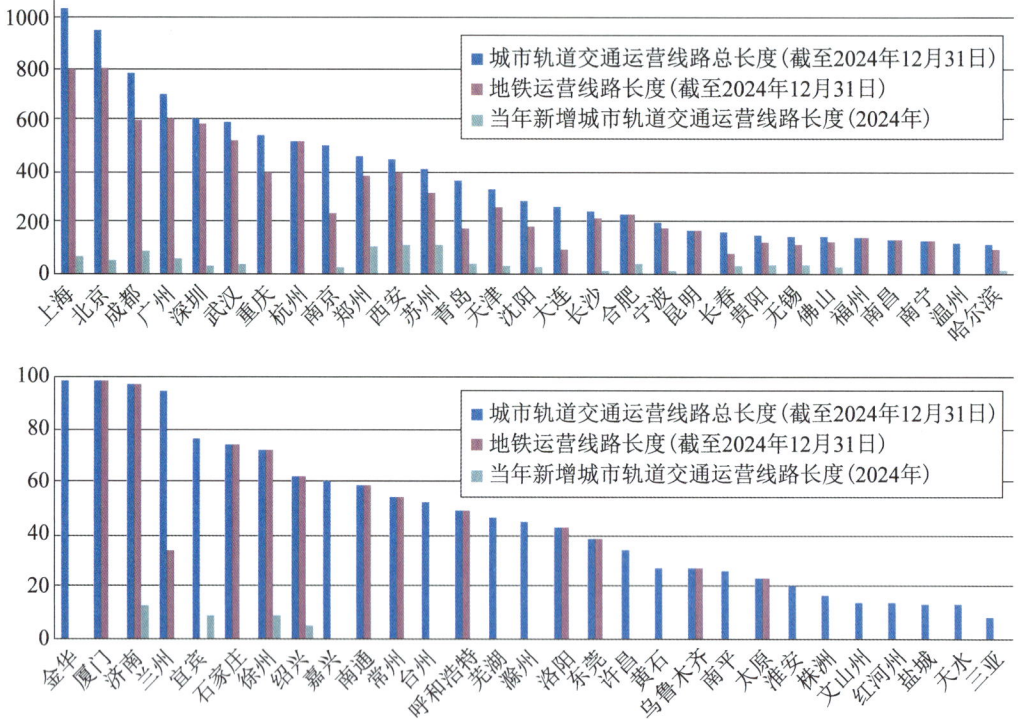

图 1-2　各城市轨道交通运营线路长度(单位:公里)②(截至 2024 年 12 月 31 日)

　　从全自动运行情况来看,截至 2024 年 12 月 31 日,31 个省(自治区、直辖市)共

有北京、上海、深圳、广州、武汉、苏州、济南、南宁、天津、宁波、芜湖、重庆、南京、太

---

①　图片来源:《中国城市轨道交通协会信息》(2025 年第 1 期总 64 期)。

②　图片来源:《中国城市轨道交通协会信息》(2025 年第 1 期总 64 期)。

原、成都、长沙、西安、绍兴、福州、郑州、许昌、青岛、合肥 23 个城市开通全自动运行城市轨道交通线路 54 条,已投运的全自动运行线路总长度 1486.01 公里,占已投运城市轨道交通线路总里程的 12.21%。在 1486.01 公里的全自动运行线路中,按照全自动运行等级 GoA4 级运行的线路 1348.92 公里,占比 90.77%。

二　当前国内城市轨道交通运营面临的突出问题及分析

当前,我国城市轨道交通行业已经进入"以运营为主导、建设运营并重"的新发展阶段,各地城市轨道交通企业运营期面临的普遍性问题受到了社会各界高度关注。

1. 建设阶段带来的相关问题

（1）建设标准滞后

当前,城市轨道交通建设阶段主要执行的国家标准是《地铁设计规范》(GB 50157—2013)。该标准是根据住房和城乡建设部《关于印发"2008 年工程建设标准规范制订、修订计划(第一批)"的通知》(建标〔2008〕102 号)的要求,对原《地铁设计规范》(GB 50157—2003)进行全面修订而成。该标准于 2009 年 10 月形成《征求意见稿》,于 2014 年 3 月 1 日起实施,主要内容均成文于 2009 年,至今已有 16 年的时间。近年来,随着各种新技术、新工艺、新设备、新材料的出现,《地铁设计规范》(GB 50157—2013)已不适应当前行业发展需求,导致开通初期运营时交付给运营单位的部分机电系统,从功能到性能指标都与运营实际需求存在较大差异。

（2）还本付息压力大

城市轨道交通项目的项目资本金比例通常为 20% ~ 40%,大部分建设资金都需要通过银行贷款来筹集。以一条总投资 200 亿元的城市轨道交通项目为例,项目资本金比例为 30%,项目银行贷款 70%(140 亿元),当线路投入运营后,若按照当前 5 年期以上 LPR3.6% 下浮 60BP 计算,每年仅支付资金利息就达到 4.2 亿元。对于企业主体信用评级较低或已经出现债务逾期的城市轨道交通企业,其贷款利率较行业平均利率水平显著偏高,进一步加大了企业的经营负担。

2. 安全压力大

城市轨道交通主要服务于城市中心区域,沿线环境复杂,其安全运行受到外部条件的严峻考验。近年来,各地气象灾害、地质灾害、运营安全事件均有出现,给城市轨道交通安全运行带来了挑战。如 2021 年河南郑州"7·20"特大暴雨灾害地铁 5 号线乘客伤亡事故、2023 年北京地铁昌平线"12·14"列车追尾事故、2024 年北京地铁昌平线"7·25"列车脱轨事故、2024 年"12·22"上海地铁 11 号线遭起重机侵入事故,均凸显出城市轨道交通在应对极端气象灾害、强化内部安全双预控管理、提升轨道交通与城市协同开展安全管理及应急处置水平等方面所面临的迫切需求。

3. 客流不达标

近年来,由于社会经济发展方式和个人工作生活方式的变化,城市各个年龄段人群的平均交通出行数量持续减少。在个体平均交通出行数量减少的同时,电动汽车的快速普及大幅降低了私家车的日常使用成本,网约车、共享单车/电单车等新型分时租赁出行方式的快速发展,使得公共交通出行方式受到的影响显著大于非公共交通出行方式。2020 年后,国内新开通的城市轨道交通线路的初期运营阶段客流,通常仅能达到项目工程可行性研究中初期预测客流的 30% 左右,不少地铁线路初期客运强度远低于国家规定的每日每公里 0.7 万人次的最低标准,造成了线路运能的严重浪费。

4. 票务及非票收入不足

(1)公益性票价水平导致票务收入低

目前,国内城市轨道交通票价制定基本都遵循"公益为先、兼顾效益"原则。

各地坚持公交优先发展,保持城市轨道交通建设和运营中财政资金投入力度,确保群众出行经济、适用、高效、便捷。因此在票价制定时,城市轨道交通运营成本中的财务费用、折旧及摊销费均未计入票价,票价通常仅能部分覆盖日常运营成本。在考虑居民人均可支配收入及承受能力下的城市轨道交通相对票价远低于欧美及日韩国家主要城市的票价,客观上造成了城市轨道交通企业对于地方政府财政的单一依赖。

（2）消费者行为变化导致地铁商业经营资源价值急剧下降

随着移动互联网的高度普及,线上平台崛起,地铁乘客的注意力被各类社交媒体、电商 App 等线上渠道大量分散,消费者流量入口发生了根本性转变,线下流量被线上大规模分流,地铁站内各类商业广告的投放效果骤减,地铁作为传统优质线下流量入口,不再是广告商首选的信息发布与消费引导节点。同时,随着生活节奏加快,人们更加追求高效、便捷,外卖服务和同城快递的普及让送货到家成为年轻消费者的消费常态,导致地铁车站消费场景逐渐萎缩,地铁车站内零散分布的小规模商铺的经营资源价值和租金随之大打折扣。

5. 政府补贴不到位

受到全国性的房地产市场持续调整的影响,2022 年后,国内各城市新出让土地大幅减少,政府性基金收入断崖式下跌,导致政府财政支付能力减弱;同时,随着大量城市轨道交通项目逐步进入运营期,地方政府面临建设项目还本付息和运营维持费用双方面的财政资金投入,导致城市轨道交通预算进一步增加。因此 2023 年以来,国内不少城市轨道交通企业都出现了地方政府财政补贴不到位的情况,部分西部三线城市的城市轨道交通企业,个别采用政府和社会资本合作模式(Public-Private-Partnership,PPP)的城市轨道交通项目公司均采取了向银行申请流动资金贷款的方式保障城市轨道交通线路日常运营,个别项目甚至出现了延迟支付一线生产人员工资的现象,给安全运营造成了隐患。2023 年 10 月,交通运输部联合国家发展和改革委员会、公安部、财政部、人力资源和社会保障部、自然资源部、国家金融监督管理总局、中国证券监督管理委员会、中华全国总工会九部委共同发布了

《关于推进城市公共交通健康可持续发展的若干意见》，对保障从业人员工资待遇、关心关爱从业人员提出了明确意见。但在当前地方政府财政吃紧的情况下，要协调解决好当前城市轨道交通运营遇到的困难和问题，必须加快形成多方协同的系统性整体解决方案。

6. 运营成本高、数字化转型缓慢

城市轨道交通为劳动密集型行业，随着社会人力资源平均价格水平持续上扬和对一线人员职业技能要求的提升，城市轨道交通运营企业在传统金字塔多层级组织架构模式下，人员冗余、效率低下的问题较为突出，导致城市轨道交通运营单位的人力成本持续攀升，目前包括社会化服务业务委托单位的人力成本在内，城市轨道交通企业的总人力成本基本占运营直接成本的70%以上，企业维持日常经营高度依赖票务收入和非票收入带来的经营性现金流。城市轨道交通运营作为资产（设备）密集型产业，各系统设备在运营期内长期处于高负荷运转状态，车辆、信号、供电等关键机电系统需定期进行设备更新升级及大中修改造，以确保运营安全和服务水平，城市轨道交通企业必须提前筹措专项资金并对更新改造费用进行有效管控。

当前城市轨道交通企业数字化转型还处于初期阶段，数据作为关键生产要素的作用尚未得到体现。传统运营管理思维相对固化，5G、大数据、人工智能等新技术应用试点多，但是碎片化现象突出，未形成系统性的标准化和规模化应用，要达到更高层级的数字化转型发展阶段，通过数据驱动和流程持续优化全面提升运营管理水平和效率，还需要相当长的一段时间。

7. "双碳"减排压力大

城市轨道交通采用电能作为乘客输送和车站服务的能源，本身具有绿色、环保的特点。但是由于我国新型能源体系还在建设过程中，当前由生态环境部或地方环保部门发布的电力的平均二氧化碳排放因子还比较高，当前参考值为556.8克二氧化碳/（千瓦·时），造成了城市电网电能的"含碳量"较高。同时，由于国内大多数地铁车站采用地下敷设方式，全年地铁车站的能耗通常大于列车牵引的能耗，在全口径能耗统计下,地铁列车的车公里碳排放已处于较高水平,进一步叠加客流因素,对于客流强度低于每日每公里0.7万人次的线路,每人每公里的二氧化碳排放量普遍高于100克,与公交车及私家车的碳排放水平基本一致。因此,城市轨道交通企业除了围绕"新能源发电、储能、用电"等环节不断减低自身碳排水平,还迫切需要提升客流,通过国际通行的评价指标(每人每公里出行碳排放量)彰显城市轨道交通绿色低碳的本色。

三　"十五五"期间国内城市轨道交通运营发展展望

1. 运营规模

交通运输部与国家铁路局、中国民用航空局、国家邮政局、中国国家铁路集团联合印发的《加快建设交通强国五年行动计划(2023—2027年)》提出:到2027年,党的二十大关于交通运输工作部署得到全面贯彻落实,加快建设交通强国取得阶段性成果,交通运输高质量发展取得新突破,"四个一流"建设成效显著,现代化综合交通运输体系建设取得重大进展,"全国123出行交通圈"和"全球123快货物流圈"加速构建,有效服务保障全面建设社会主义现代化国家开局起步。预计"十五五"期间,平均每年新增城市轨道交通运营里程约600公里,到2030年全国城市轨道交通运营总线路里程将突破1.6万公里。

2. 主要发展趋势

(1)《城市公共交通条例》(以下简称《条例》)实施

城市公共交通是保障人民群众日常基本出行的社会公益性事业,关系经济社会发展和基本民生保障,是建设现代化综合交通体系、加快建设交通强国的重要内容。党中央、国务院高度重视城市公共交通发展。[①]《条例》坚持城市公共交通基

[①]　人民网,习近平看望慰问坚守岗位的一线劳动者,2013-02-10。

本公共服务的属性和定位,聚焦城市公共交通发展中的突出问题,重点围绕发展保障、运营服务、安全管理等方面,明确了城市公共交通发展的基本制度,为推进城市公共交通优先发展提供坚强有力保障,对于促进城市公共交通高质量发展,提升城市公共交通服务质量和安全水平,增强人民群众出行获得感、幸福感、安全感等具有重要意义,为奋力加快建设交通强国,努力当好中国式现代化的开路先锋提供了法治保障。

(2)《加快建设统一开放的交通运输市场的意见》的落实

2024年12月,《中共中央办公厅 国务院办公厅关于加快建设统一开放的交通运输市场的意见》(以下简称《意见》)中对"完善综合交通运输管理体制机制、推进综合交通运输协同发展、完善综合交通运输法律法规标准和统计监测体系、稳步推进交通运输领域自然垄断环节改革、健全多式联运运行体系、推动交通运输绿色智慧转型升级、完善交通运输安全与应急管理体制机制、推动交通运输领域更高水平对外开放"八个方面提出具体改革要求,从交通运输市场制度、市场要素资源配置、监管等方面提出保障措施,以推动交通运输跨区域统筹布局、跨方式一体衔接、跨领域协同发展,形成统一开放的交通运输市场,为提升综合交通运输效率、加快建设交通强国提供坚实保障,实现对城市轨道交通发展的引领、推动城市轨道交通的可持续发展。

(3)数字化转型及智慧城市轨道交通、绿色城市轨道交通建设

习近平总书记高度重视发展数字经济、智慧交通,在《求是》杂志发表署名文章强调"不断做强做优做大我国数字经济"[①],在第二届联合国全球可持续交通大会开幕式主旨讲话中指出"要大力发展智慧交通和智慧物流"。布局数字中国,发展数字经济,城市轨道交通责无旁贷要当好先锋。当前,各地布局建设智慧城市轨道交通,应用新技术,引入新装备,打造新场景,构建新模式,强化数字赋能,建成了一批智慧城市轨道交通试点项目,已经具备一定的实践基础、人才储备、市

---

① 习近平.不断做强做大我国数字经济,《求是》,2022(2)。

场环境。城市轨道交通作为资金密集型、智力密集型行业,在全面数字化方面具有先发优势。

智慧城市轨道交通建设是城市轨道交通高质量发展的主要抓手,同时也是交通强国建设的重要路径和战略突破口。《中国城市轨道交通智慧城轨发展纲要》提出:2025年,中国城市轨道交通行业的信息化、智能化、智慧化水平进入世界先进行列,重点智能化关键核心技术得到应用,智能化产业初具规模。2035年,中国城市轨道交通行业的智能化水平世界领先,自主创新能力全面形成,建成全球领先的智慧城市轨道交通技术体系和产业链。

绿色低碳拓展智慧城市轨道交通内涵,是建设智慧城市轨道交通的重要内容和重要场景,绿色城市轨道交通建设为智慧城市轨道交通提供更大发展空间。《中国城市轨道交通绿色城轨发展行动方案》提出:以"绿色转型为主线,清洁能源为方向,节能降碳为重点,智慧赋能,创新驱动,开展六大绿色城轨行动,实现碳达峰碳中和,建设绿色城轨"为总体思路;重点实施"绿色规划先行行动、节能降碳增效行动、出行占比提升行动、绿色能源替代行动、绿色装备制造行动、全面绿色转型行动"等绿色城轨发展六大行动。到2030年,城轨交通绿色转型取得显著成效,基本建成绿色低碳发展体系,碳排放强度值持续下降,碳排放总量经平台期稳中有降,绿色城轨初步建成,跻身世界先进行列。到2060年,全面完成城轨交通绿色转型,全面建成绿色低碳发展体系,全行业实现碳中和,高水平建成近零排放的绿色城轨,成为全球绿色交通引领者。

(4)融合城市轨道交通发展初见成效

2024年6月,中国城市轨道交通协会发布的《中国城市轨道交通融合城轨发展指南》提出:统筹铺画融合城市轨道交通发展蓝图,构建"1-9-3-5-5"融合发展体系。即绘制一张蓝图、推进九元融合、聚焦三大方向、发力五个可持续、实施五个协同,助力中国式城市轨道交通交通高质量发展。第一阶段(至2030年),初步建立城市轨道交通交通多元融合发展体系。多元融合工作全面展开,新建线融合度指数均有提升,乘客反映强烈的断点、堵点、绕点和糟心点明显减少,一批融合示范项目建成,一批地方政府和企业制定并实施各自的《融合城市轨道交通发展行动方案》;城市轨道交通交通效能评价全面展开,五个可持续发展均有所突破。第二阶段(至 2035 年),全面建成城市轨道交通交通多元融合发展体系。城市轨道交通与各类交通方式、新型基础设施实现功能上的深度融合,网络韧性与通达性大幅提升,服务大城市能级和乘客满意度明显提升。多元融合的融合度指数有显著提升,五个可持续发展形成成熟、良性的新发展模式。目前,随着深圳地铁"1365N"技术管理体系、北京新一代智能调度和智能列车运控系统、上海绿色出行一体化平台、武汉市线网信息化平台等项目实施,城市轨道交通融合推进取得了较大进展。

(5)与低空经济产业协同发展

2021 年,中共中央、国务院印发《国家综合立体交通网规划纲要》,提出促进交通通道由单一向综合、由平面向立体发展,并明确要构建空中、水上、地面与地下融合协同的多式联运网络。工业和信息化部等七部门发布《关于推动未来产业创新发展的实施意见》,提出未来制造、未来信息、未来材料、未来能源、未来空间和未来健康六大未来产业,低空经济正成为新的增长空间和发展趋势。2024 年,全国两会政府工作报告进一步提出积极打造低空经济等新增长引擎,低空经济的发展势头愈发强劲。城市轨道交通运营在城市地面具有专属路权,专属路权上方的空间可以为低空经济提供多种场景应用,同时城市轨道交通与低空交通在维保、场站等方面的运营管理也具有共通性,探索"轨道 + 低空"协同发展模式,是城市轨道交通行业拓展新领域、新业态,也是拓展发展空间、增强自身造血机能的历史性机遇。

3. 城市轨道交通运营市场化进程

城市轨道交通作为社会公用事业,为充分发挥市场在资源配置中的决定性作用,近年来各级政府持续通过推进政企分开、明确特许经营、加强行业监管等方式,在城市轨道交通行业竞争性环节——城市轨道交通运营的市场化推进方面已取得了一定成效。

（1）运营主体多元化

自 2015 年起,国内不少城市轨道交通项目采用了 PPP 模式。截至 2024 年底,有 30 多个城市实施了城市轨道交通 PPP 项目,涉及城市轨道交通线路数量 80 余条,线路总里程 2300 多公里。由于城市轨道交通 PPP 项目大多采用建设-经营-转让(Build-Operate-Transfer,BOT)或移交-经营-移交(Transfer-Operate-Transfer,TOT)模式,为履行 PPP 项目社会资本方的运营主体责任,不少 PPP 项目公司成为城市轨道交通线路的运营单位,城市轨道交通运营市场的市场化主体数量大幅增加。由于城市轨道交通 PPP 项目的社会资本方多为中央企业,近年来,为了提升 PPP 项目的运营服务质量和项目收益率水平,各投资城市轨道交通 PPP 项目的央企先后成立了跨区域管理的专业化城市轨道交通运营公司。这些专业化城市轨道交通运营公司通过对不同城市的城市轨道交通 PPP 项目开展标准化和集约化管理,提升了城市轨道交通 PPP 项目运营单位的整体运营管理水平。

（2）政策引导与支持

《中共中央办公厅　国务院办公厅关于加快建设统一开放的交通运输市场的意见》中明确指出完善政府购买公共交通运输服务机制、深化交通运输领域国有企业改革、优化交通运输市场要素资源配置等措施。国家发展和改革委员会、财政部在 2023 年 11 月发布的《关于规范实施政府和社会资本合作新机制的指导意见》中也提出,“政府和社会资本合作项目应聚焦使用者付费项目,在项目建设期对使用者付费项目给予政府投资支持,政府付费只能按规定补贴运营”。这些政策文件进一步明确了城市轨道交通运营的市场化方向。

（3）运营模式多样化

随着“十三五”期间大量实施的城市轨道交通 PPP 项目和部分跨行政区的城市轨道交通线路陆续进入运营阶段,除了传统的建设期业主单位自主运营外,为了适应项目运营管理的实际需要,出现了自主运营-专业化分包、联合运营、委托运营等各种运营模式,同时不少城市轨道交通项目采用公开招标市场化选取运营期运营服务单位,城市轨道交通运营市场化的格局已初步呈现。

第二章　可持续的城市轨道交通运营实践与探索

一　联合国可持续发展目标与交通的可持续发展

2015年9月,联合国可持续发展峰会在纽约总部召开,联合国193个成员国在峰会上正式通过17个可持续发展目标。可持续发展目标旨在从2015年到2030年间以综合方式彻底解决社会、经济和环境三个维度的发展问题,转向可持续发展道路,为全人类谋求更美好、更加可持续的未来。可持续发展目标(Sustainable Development Goals,SDGs)是议程的核心内容,包括17项目标和169项具体目标,如表2-1所示。目标主要表述某一领域要达成的宏观的总体目标或是发展方向,具体目标则是在该领域某一方面要达成的相对具体的目标,目标呼吁全世界共同采取行动,消除贫困、保护地球、改善所有人的生活和未来。国家主席习近平在本次发展峰会上发表题为《谋共同永续发展　做合作共赢伙伴》的重要讲话,提出:"中国郑重承诺,以落实2015年后发展议程为己任,团结协作,推动全球发展事业不断向前"。[①]

联合国可持续发展目标　　　　　　　　　　　　　　　表2-1

序号	目标
目标1	消除贫困:在世界各地消除一切形式的贫困
目标2	消除饥饿:消除饥饿,实现粮食安全,改善营养和促进可持续农业

---

① 习近平在联合国发展峰会上的讲话(全文),新华网2015年9月27日。

续上表

序号	目标
目标 3	健康与福祉:确保健康的生活方式和促进各年龄段人群的福祉
目标 4	优质教育:确保包容和公平的优质教育,让全民终身享有学习机会
目标 5	性别平等:实现性别平等,增强所有妇女和女童的平等权益
目标 6	清洁饮水和卫生设施:为所有人提供清洁饮水和基本环境卫生服务设施,并对其进行可持续管理
目标 7	廉价和清洁能源:确保人人获得负担得起、可靠和可持续的现代能源
目标 8	体面工作和经济增长:促进持久、包容和可持续的经济增长,促进充分的生产性就业和人人获得体面工作
目标 9	产业、创新和基础设施:建造具备抵御灾害能力的基础设施,促进具有包容性的可持续工业化,推动创新
目标 10	减少不平等:减少国家内部和国家之间的不平等
目标 11	可持续城市和社区:建设包容、安全、有抵御灾害能力和可持续的城市及人类社区
目标 12	负责任消费和生产:确保可持续的消费和生产模式
目标 13	气候行动:采取紧急行动应对气候变化及其影响
目标 14	水下生物:保护和可持续利用海洋及海洋资源以促进可持续发展
目标 15	陆地生物:保护、恢复和促进可持续利用陆地生态系统,可持续森林管理,防治荒漠化,制止和扭转土地退化现象,遏制生物多样性的丧失
目标 16	和平、正义与强大机构:创建和平、包容的社会以促进可持续发展,让所有人都能诉诸司法,在各级建立有效、负责和包容的机构
目标 17	促进目标实现的伙伴关系:加强执行手段,重振可持续发展全球伙伴关系

2021 年 9 月,国家主席习近平在出席第七十六届联合国大会一般性辩论时提出全球发展倡议,呼吁国际社会加快落实联合国 2030 年可持续发展议程,推动实现更加强劲、绿色、健康的全球发展。

在联合国可持续发展目标下,交通的可持续发展主要聚焦 SDGs 中的目标 3 (健康与福祉)、目标 9(产业、创新和基础设施)、目标 11(可持续城市和社区)、目标 13(气候行动)等方面。如图 2-1 所示。

在可持续发展目标 11.2 中,特别明确提出了"到 2030 年,向所有人提供安全、负担得起的、易于利用、可持续的交通运输系统,改善道路安全,特别是扩大公共交通"。

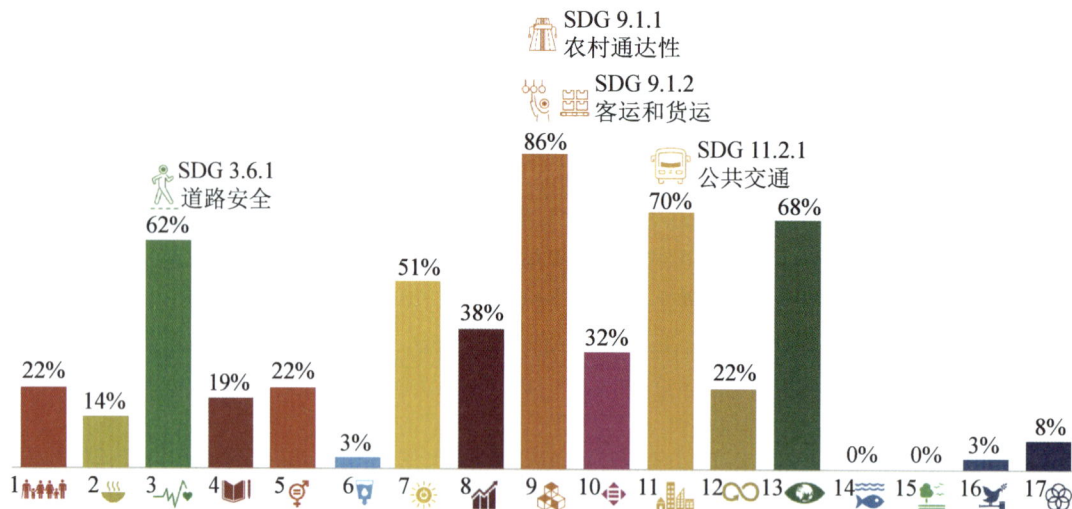

图 2-1　交通的可持续发展目标[①]

2023 年 9 月,国家主席习近平向全球可持续交通高峰论坛致贺信。习近平指出,建设安全、便捷、高效、绿色、经济、包容、韧性的可持续交通体系,是支撑服务经济社会高质量发展、实现"人享其行、物畅其流"美好愿景的重要举措。中国正在加快建设交通强国,将继续坚持与世界相交、与时代相通,致力于推动全球交通合作,以自身发展为世界提供新机遇。中国愿同世界各国一道,秉持共商共建共享理念,让可持续交通发展成果更好造福世界各国人民,为落实全球发展倡议、实现联合国 2030 年可持续发展目标、推动构建人类命运共同体作出积极贡献。[②]

二　国际可持续的城市轨道交通运营发展实践

1. 东京地铁可持续发展

（1）东京地铁可持续发展理念及举措

东京地铁系统目前由多家运营商负责运营,其中东京地铁株式会社是日本规

---

①　图片来源:《SUSTAINABLE TRANSPORT,SUSTAINABLE DEUELOPMENT》INTERAGENCY REPORT 1 SELOND GLOBAL SUSTAINABL ETRANSPORT CONFERENCE。

②　《习近平向全球可持续交通高峰论坛致贺信》,《人民日报》2023 年 9 月 26 日。

模最大的地铁运营公司,并于 2024 年 10 月 23 日在东京证券交易所上市,日本政府在线路建设阶段投入到东京地铁的资金得以顺利收回并获利丰厚。以下以东京地铁株式会社的可持续发展为例。

东京地铁株式会社目前运营东京地铁系统 9 条线路、195.1 公里里程、179 座车站,其可持续发展战略紧密结合联合国可持续发展目标(SDGs)、ISO26000、GRI 和 SASB 等国际共识和准则,综合考虑交通行业特性来提炼社会课题,系统梳理、对比所提炼社会课题与 SDGs 中规定的 17 个目标和 169 个具体目标之间的对应关系,紧紧围绕东京地铁的现实问题,通过与外部专家对话等验证其有效性后,经董事会讨论通过"东京地铁可持续发展的关键问题和主题"的决议。此外,为推动切实解决社会问题,东京地铁根据确定的可持续发展关键问题设定了具体的绩效指标,通过报告关键指标的进展,努力推动解决社会问题,实现可持续发展目标。

东京地铁株氏会社于 2020 年 9 月确定了"可持续发展的关键问题",以反映其解决问题的意愿,并随着公司内部和外部环境的变化,对关键问题进行持续的审查与优化,确定为目前的 5 个主题和 10 个问题,如表 2-2 所示。

东京地铁可持续发展主题及关键问题　　　　　　　　　　表 2-2

主题		关键问题
主题 1	保证地铁安全	(1)实现安全稳定运输 (2)构建安心的交通基础设施
主题 2	让每个人的每一天都充满活力	(3)出行无忧,方便舒适 (4)响应多样的生活工作方式
主题 3	赋予东京多样的魅力和价值	(5)提高城市/地域的魅力度
主题 4	地球友好型地铁	(6)实现脱碳循环型社会 (7)向海外发展和支援
主题 5	共创新时代的力量	(8)技术开发和数字化转型(DX)伙伴关系的增强 (9)人权尊重/促进多元化/人才培养 (10)治理的增强

为了促进可持续发展管理,东京地铁株氏会社于 2019 年召开了可持续发展促进会议,会议讨论可持续发展的管理政策、目标和战略,以及相应的管控措施。从

2023年4月开始,公司通过制定内部规章制度等方式强化了组织管理,设立了由总裁担任主席的可持续发展促进委员会。为推动基于现实的努力取得成果和进展,切实解决社会问题,东京地铁株氏会社设定了2030年的关键绩效指标(Key Performance Indicators,KPI)目标,并每年发布《可持续发展报告》,披露目标达成情况,如表2-3所示。

东京地铁可持续发展 KPI 目标

表 2-3

主题	KPI	2030 年目标值
主题 1 保证地铁安全	地铁驾驶事故件数(非内部原因除外)	以零为目标
	事件计数	以零为目标
	准点运行率	98%
	渗水维修率	75%
主题 2 让每个人的每一天 都充满活力	JCSI(顾客满意度指数)"顾客满意"评分	75 分以上
	火车站无障碍率(站台门、EV1 路线、无障碍卫生间)	100%
	美途宝会员数	150 万人
	【定性目标】"东京地铁 my!"应用程序推广个性化服务	报告服务实施情况和概述
	【定性目标】实施满足顾客需求的服务	分销业务、广告业务、信息通信业务;报告新业务发展的结果和概述
主题 3 赋予东京多样的 魅力和价值	开发物业数量	13 起(2022—2030 年)
	沿线等联合施策的参加人数	60 万人(2022—2030 年)
	CityTourism 企划券用户数量	40 万人
主题 4 地球友好型地铁	本集团所有业务的二氧化碳排放量	低于 29.2 万吨,比 2013 年减少 50% 参考:2050 年度实际目标为零
	【定性目标】促进资源循环等	继续实施基于环境基本方针的措施
	海外铁路业务涉及城市数量	报告结果(目标值视情况而定)

主题	KPI	2030 年目标值
主题 5 共创新时代的力量	【定性目标】促进技术开发	关于技术开发的成果报告实绩和概要
	【定性目标】培养专业人才	报告铁路技术等专业人才的实绩和概要
	数据分析人才培养(基本技术人员)	报告结果(目标值视情况而定)
	内部开发人才培养(基本技术人员)	报告结果(目标值视情况而定)
	【定性目标】与外部公司合作等创造新的企业价值	报告与外部公司合作创造的新的共创数量的实际成果和概要
	女性员工比例	10% 以上
	女性管理人员比例	10% 以上
	女性采用比例	35%
	残疾人就业率	法定就业率以上
	育儿休职率	男女均 100%
	工伤事故数(铁路重大事故数)	连续 0 个
	【定性目标】促进健康管理	报告健康管理相关指标的实绩和概要
	员工满意度	报告结果
	【定性目标】尊重利益相关者的人权	继续根据人权方针采取措施
	工作中有组织违反刑法、行政法规数量	连续 0 个

(2)东京地铁可持续发展特点

东京地铁株氏会社实现了以运输主业为基础的可持续发展路径,每天平均客运量约 760 万人次,票价水平也相对较高,其乘客运输业务收入占营业总收入的90%,并贡献了 85% 以上的利润。东京地铁财务经营状况良好,即使在受新型冠状病毒感染疫情影响期间,其运营业务也实现了持续盈利,为经济可持续性提供了充足的资金保障。2023 财年,公司经营收入 4117 亿日元,营业利润 877 亿日元,其中运营票务收入 3726 亿日元,利润 753 亿日元;房地产收入 147 亿日元,利润 45 亿日元,广告及商业收入 244 亿日元,利润 79 亿日元。

除经济方面外,在安全、便捷、高效、绿色、包容、韧性等方面,东京地铁株氏会社也取得了良好成果。在安全方面,东京地铁一直保持良好记录,安全管理重点聚焦预防和保护,防患于未然,致力于维护和提高运输安全水平,同时努力培养和巩固以安全为第一要务的企业文化。在便捷和高效方面,通过设备更新改造,进一步提高交通网络效率和便利性,并积极推动 MaaS 一体化出行服务。在绿色方面,通过制定积极的环境政策,致力于能源的有效利用、环保物品应用及废弃物回收、降低噪声和振动等环境负荷等。在包容方面,积极推进无障碍化,开发盲人站内导航,实施儿童看护服务等,同时在公司内部,优化员工的工作方式,确保其职业安全和健康。在韧性方面,不断强化防灾(地震、大规模水淹、强风、防火等)措施和对策,打造坚韧、使人放心的交通基础设施,同时推动负责任的采购,加强供应链管理。

2. 新加坡地铁可持续发展

(1)新加坡地铁可持续发展理念及举措

新加坡地铁系统目前由两家运营商负责运营,分别是新加坡地铁公司(SMRT)和新捷运公司(SBS),其中份额较大的是新加坡地铁公司,以下以新加坡地铁公司可持续发展为例。

新加坡地铁公司的可持续发展协调和促进联合国可持续发展目标,通过将环境、社会和治理(ESG)标准融入业务、运营和服务中,为利益相关者、通勤者和社区创造更大的价值。根据联合国《2030 年可持续发展议程》中的目标,新加坡地铁公司可持续发展聚焦以下三个方面:

①绿色企业和运营:建立弹性运营机制和提高资源使用效率,以防范气候变化风险。

②可持续社区:注重提高工作场所健康、推动劳动力发展和建设可持续的社区。

③负责任的做法:专注于通过道德和透明的商业实践来创造股东价值。

新加坡地铁公司为了促进可持续发展管理,在董事会下设可持续发展委员会。可持续发展委员会包括三个独立董事和集团首席执行官。由集团首席可持续发展官牵头管理的可持续发展委员会通过每季度的平衡计分卡（Balanced Score Card，BSC）会议，更新新加坡地铁公司的重大 ESG 问题清单、ESG 绩效、倡议和工作计划。

　　为衡量和推动可持续发展的绩效，新加坡地铁公司制定了一套可持续发展关键绩效指标，并每年发布《可持续发展报告》，披露绩效指标达成情况，如表 2-4 所示。

新加坡地铁可持续发展绩效指标　　　　表 2-4

主题		2024 财年及以后的主要目标
环境	温室气体排放量	在 2024 财年，将范围 1、2 和 3 的排放减少 1.5% 到 2030 年，将排放量减少到 2010 年水平的 50% 到 2050 年实现净零排放 到 2026 年，出租车车队将全面电气化 到 2030 年，将 SMRT 的车队转化为绿色车辆 推广端到端可持续移动解决方案，以帮助商业车队所有者使其车队脱碳
	能耗	深入研究降低能耗的领域，如：基于通信的列车自动控制系统（Communication Based Train Control System，CBTC）或绿色电站能源优化 到 2026 年底，将现有的太阳能发电量至少再增加 50%
	水	与 2023 财年相比，2024 财年用水量减少 5% 评估水的使用情况，确定节水机会，以期确定未来减少用水量的目标年
	废物管理与循环经济	与 2023 财年相比，2024 财年的纸张消费减少了 15%
社会	员工安全	重大伤亡人数为零 工作场所受伤率≤466 人/10 万人
	发展的劳动力	继续保持低于行业平均水平的流动率
	客户服务与满意度	获得公共交通委员会 PTC 客户满意度调查（PTCSS）的相同/更高的评级
	当地社区	对 92 所学校的教育推广
治理	商业道德与诚信	没有发生腐败事件 没有发生重大违法违规事件
	网络安全和数据保护	没有发生个人数据泄露或公司机密数据泄露的事件
	供应链经营	采用 5% 的可持续性权重 >100 万美元 为供应链绩效指标 vcp 举办 3 次可持续发展研讨会 通过与承包商合作，成为新加坡的安全蜂王（Safety Queen Bee），实现高标准的安全 符合工作场所安全与卫生（Workplace Safety and Health，WSH）理事会发起的倡议，在合同评估事项中增加安全标准的权重 鼓励并为承包商提供平台，公开安全报告

· 19 ·

（2）新加坡地铁可持续发展特点

新加坡地铁实现了花园城市融合发展的可持续发展路径,在地铁规划时,按照花园城市发展理念,建设"一站式""户到户"的交通枢纽网络,争取做到乘客不出站就能中转到新加坡各个角落。在人口稠密的商业中心或住宅区多设地铁站,在较大的租屋区,则将轻轨作为地铁的延伸,组团式发展,提供方便、快捷的出行条件。同时大力推动轨道交通车站综合体的公交换乘站、空中花园、二层公共廊道、地下一层公共地道的发展,实现花园城市融合发展。

此外,新加坡地铁公司在安全、经济、绿色、包容等方面也取得了良好成果。在安全方面,一是采用了多种途径确保乘客安全,二是进一步加强公司治理,增强供应链经营,通过与承包商合作,实现高标准的安全管理。在绿色方面,作为世界著名花园城市的新加坡,新加坡地铁公司努力利用技术进步控制能耗,提升绿色能源应用,降低温室气体排放,加强废物管理。在经济方面,新加坡地铁公司一直保持较高的净资产收益率。在包容方面,对学生、军人以及老龄人士均给予不同层次的优惠,持续推进设施无障碍化、适老化改造,推出个性化服务,进一步提升乘客满意度。在公司内部,促进职工就业平等及多样性。

三　国内可持续的城市轨道交通运营发展实践

1. 香港地铁可持续发展

（1）香港地铁可持续发展理念及举措

香港地铁(MTR)根据联合国《2030 年可持续发展议程》中的目标,致力于将环境、社会及治理(ESG)融入业务和运营中,为所有利益相关者创造长期价值,其可持续发展聚焦 3 个目标、10 个重点领域,如表 2-5 所示。

香港地铁可持续发展目标及关键领域　　表 2-5

目标		重点领域
目标 1	社会包容	(1) 基本出行服务 (2) 多元及共融 (3) 平等机会
目标 2	发展及机遇	(4) 员工 (5) 业务伙伴 (6) 未来技能及创新方案
目标 3	减少温室气体排放	(7) 碳排放 (8) 清洁能源及能源效益 (9) 废物管理 (10) 环保及低碳设计

　　为进一步加强香港地铁董事会对环境及社会议题的管治,董事会下设环境及社会责任委员会,对公司的运营环境、社会策略及投资进行策略性监督,根据公司的运营环境和社会关键绩效指标跟踪绩效达标情况,并向董事会报告。委员会由公司主席领导,每年召开两次会议,监督公司的可持续发展状况、相关框架及措施,以及实现可持续发展目标的进展。

　　为衡量和推动在运营环境和社会目标下的三个绩效,香港地铁制定了一套关键绩效指标,包括实现指标的短期、中期和长期举措,并每年发布《可持续发展报告》,披露可持续发展目标达成情况,如表 2-6 所示。

香港地铁可持续发展目标　　表 2-6

目标	重点领域	中短期/长期关键绩效
社会包容	基本出行服务	"港铁·关爱"应用程序增强功能于 2025 年前为整个地铁网络推出视障人士站内导航功能、听障人士求助服务及肢体伤残人士自动预约匝道服务
		2024 年推出/扩展 1~2 项关爱计划
		100% 的新车站将可进入(包括无障碍自由入口、宽大门、可进入的厕所和婴儿护理室)
		2024 年日均不少于 100 万人次将受益于票价优惠
		完成了对香港地铁员工的安全文化调查,并制定了针对 2024 年内发布的相关见解的行动计划

目标	重点领域	中短期/长期关键绩效
社会包容	多元化与包容性	到 2025 年,至少 25% 的董事会成员将是女性
		多元、平等、包容(Diversity, Equity, Inclusion, DEI)培训将在 2024 年向参加残疾人(People with Disabilities, PWD)或培训项目的经理和主管提供
		2024 年将举办 150 场 DEI 员工培训活动
		2024 年将与 10 所拥有多元化学生群体的中学进行职业分享/实习
		到 2024 年,10% 的实习生将是残疾人或来自不同种族的人
		2024 年将通过以下方式增强工作场所包容性: 检讨招聘要求; 加强写字楼的无障碍设施; 与持份者交流 DEI 调查结果,并确定后续行动的 3 个优先领域
	机会均等	2022—2025 年将投入 1 亿港元用于本地社区的直接投资和捐赠
		2022—2025 年,公司的社区计划和义工计划将惠及 20 万人
发展及机遇	雇员	平均每年至少为员工提供 5 天的学习时间
		2024 年将为青年人才提供 20 个以上的就业和预就业机会
		2024 年将为员工组织至少 10 场与健康相关的活动
		到 2024 年,超过 75% 的在管住宅物业将签署《关爱心脏宪章》,并组织健康活动,以促进员工健康的生活方式
	商业伙伴	2025 年将投入 2.5 亿港元用于绿色采购;2030 年增至 3.5 亿港元
		30 多家供应商参加碳排放计算培训
		2024 年将进行 15 次以上供应商审核
		2024 年将召开 15 次以上供应商评审会议,涵盖 ESG
		于 2024 年前对主要供应商的碳排放情况进行初步调查
	未来技能与创新	2022—2025 年,超过 5 万人将受益于未来的技能和创新计划(包括港铁学院的计划)
		2022—2025 年将投资 3 亿港元以上支持初创企业
减少温室气体排放	碳排放	到 2024 年,超过 70% 的在管住宅物业将与其他合作伙伴合作,向居民推广绿色生活方式
		实现碳中和
		2024 年将有超过 5 万人参与低碳计划
		到 2026 年将推出至少 30 辆电动公交车
		到 2027 年,100% 的行政私家车将被电动汽车取代或取消
		到 2025 年,办公楼、商场和车站停车场将新增 200 多个电动汽车充电站

目标	重点领域	中短期/长期关键绩效
减少温室气体排放	清洁能源与能源效率	2024 年将在仓库和车站安装 3 个额外的太阳能光伏系统
		于 2026 年完成第二批冷水机组更换项目后,预计冷水机组节能 20%
		于 2024 年完成总部冷却器更换计划后,预期较 2019 年节约能源约 20%
		到 2025 年,将对超过 70% 的在管住宅物业的公共区域进行能源审计,并制定节能计划
		到 2025 年,在 4 个港铁商场推行计划中,让租户参与并协助他们确定节能措施
		100% 现有商场(2022 年全面营运)将于 2025 年前完成公共区域能源审计及制定节能计划
		2024 年开展氢燃料轻轨车辆试验项目
	废物管理	到 2024 年,超过 50% 的屋苑会参与由 Y-Park 举办的覆盖试验计划,以提高屋苑内的木片使用量
		2023—2024 年将在各车站额外安装 8 个饮水机
	绿色低碳设计	100% 未来新车站及新住宅发展项目将获得绿建环评金级或以上认证
		到 2025 年,港铁管理的车站及物业将增设 1400 多个单车泊车位
		探讨及更新合约规范,以在 2024 年前推广在新铁路项目中使用低碳混凝土
		购物中心以 2018 年水平为基准,到 2025 年将节水 5%

（2）香港地铁可持续发展特点

香港地铁建立了"轨道＋物业"的可持续发展路径,铁路、商业及物业开发业务约占营业总收入的三分之二,乘客运输业务收入约占营业总收入的三分之一。通过"轨道＋物业"模式,充分利用地铁建设的外部经济效益,实现了收入的多元化,为可持续发展提供了充足的资金保障。香港地铁财务经营状况良好,在过去的40 年里,除了 2020 年受到新型冠状病毒感染疫情影响亏损外,其余年份均保持盈利。

除经济方面外,香港地铁在安全、便捷、高效、绿色等方面也取得了良好成果。在安全方面,香港地铁制定了严格的安全政策,推行安全第一的企业文化。在参考了国际上最佳铁路安全风险管理实践方法的基础上,香港地铁建立了一套全面考虑铁路资产全生命周期的安全风险管理系统。该系统包括有效的安全风险管理组织架构、全面的系统保证方案规划、从铁路项目初期开始识别及控制安全风险,以及在铁路运营阶段对安全风险做积极的监控等,该系统使地铁公司持续实现世界级铁路的安全管理。

在便捷和高效方面,香港地铁运营坚持向大众提供价格适宜及可靠的运输服务,并保持高水平的优质服务表现,其运营服务质量及水平不但受到政府的严格监管,同时接受社会的监督。香港地铁每年向社会公布服务承诺,每季度公布实际服务表现,提升服务水平。

在绿色方面,致力于将低碳措施纳入发展政策、战略和规划中,加强对气候相关风险的抵御弹性和适应能力;在运营中通过技术创新控制碳排放,扩大清洁能源应用及提升能源使用效率,加强废物管理;在设计建造中,致力于发展可持续的基础设施,提高资源利用效率,并更多地采用清洁和对环境无害的技术。

2. 广州地铁可持续发展

(1)广州地铁可持续发展理念及举措

目前,广州地铁集团有限公司(以下简称广州地铁)运营的轨道交通里程约1147.1公里,除了本地地铁线网660.9公里、有轨电车22.1公里外,还包括城际铁路318.6公里,以及巴基斯坦拉合尔橙线、南昌地铁三号线、重庆地铁四号线二期、长沙地铁六号线、海南三亚有轨电车、昆明长水国际机场旅客捷运系统等外地项目145.5公里。

广州地铁从2014年开始发布《社会责任报告》,截至2023年,已发布10份,报告面向广州地铁所有利益相关方,阐述广州地铁的可持续发展理念,披露企业与利益相关方在共同创造价值的过程中面临的机遇和挑战,为实现可持续发展制定的战略和管理举措以及所做的努力。

广州地铁成立了社会责任管理委员会,由集团公司高管和部门负责人组成,下设社会责任工作办公室,牵头带动集团公司各职能与业务部门的社会责任工作,由此构成职责明确、运转高效、三级联动的社会责任工作组织体系,将社会责任理念有效地融入集团公司日常管理和运营中。

广州地铁将可持续发展作为公司经营之基,结合发展战略和运营模式持续推进社会责任工作,努力满足政府、乘客、行业、员工、合作伙伴和社区等利益相关方的期望,致力于为城市发展提速、为公众出行提速、为行业发展提速、为社会文明提速。

广州地铁可持续发展响应联合国可持续发展目标(SDGs),以"对集团公司经营发展的重要性"和"对利益相关方的重要性"两个维度为衡量标准,基于内外部利益相关方调研结果,对议题进行优先级排序,筛选出关键实质性议题,聚焦 5 个主题,34 项关键议题,具体如表 2-7 所示。

广州地铁可持续发展主题及关键议题

表 2-7

主题		关键议题
主题 1	书写湾区发展新华章	(1)科学规划地铁线网 (2)加快新线建设与开通 (3)加强地铁工程质量管理 (4)完善车站公共配套设施 (5)开发地铁上盖物业 (6)保障地铁建设安全 (7)坚守地铁运营安全 (8)提升员工安全意识 (9)开展安全宣传 (10)加强供应商及承建商安全管理 (11)提高地铁准点率 (12)维护车站内和列车内秩序 (13)打造"互联网+"地铁 (14)为市民提供温馨服务 (15)积极回应市民诉求
主题 2	赋予行业发展新动力	(16)加大科研投入 (17)为同行业发展提供专业服务 (18)带动地铁装备产业发展 (19)参与行业标准制定 (20)与外界开展交流和战略合作

	主题	关键议题
主题3	构建绿美广州新格局	(21)在施工中注重当地环保 (22)促进车站及车辆节能 (23)在物业开发中注重环保 (24)在地铁规划建设中注重环保 (25)引导市民绿色出行
主题4	激发人才发展新活力	(26)保障员工基本权益 (27)提升女性员工比例 (28)开展员工培训 (29)保障员工职业健康与安全 (30)平衡员工工作与生活
主题5	共绘美好生活新图景	(31)利用地铁资源传播社会正能量 (32)在车站内传播公共文化艺术 (33)开展志愿服务活动 (34)开展社会公益活动

书写湾区发展新华章:坚持拓展线网,努力构建一体化的湾区轨道交通网络体系,并以乘客满意度和实际需求为导向,不断改进服务质量,助力解决城市拥堵问题,服务城市规划布局以及粤港澳大湾区发展。

赋予行业发展新动力:坚持走技术自主创新之路,积极分享地铁建设、运营的技术成果和经验,致力成为行业标杆,与行业共同进步。

构建绿美广州新格局:采取积极的环保政策,建立完善的规章制度,将地铁建设和运营对环境的负面影响降至最低;同时,积极推进节能减排工作,将环保理念贯彻到工作的每个细节。

激发人才发展新活力:坚持"以人为本,快乐成长"的人力资源理念,为每一位员工提供具有竞争力的薪酬、完善的福利待遇以及广阔的发展空间。

共绘美好生活新图景:不断加强对社会公益活动的支持力度,让地铁成为传播文明的地下文化线,共建沿线和谐社区。

(2)广州地铁可持续发展特点

广州地铁实现了融合发展、科技创新、绿色低碳、人才培育、温情服务的可持续发展路径。

融合发展：以"内通外联"为导向，全面推进城市轨道交通线路、城际铁路建设，以及国铁、综合交通枢纽、市政道路项目投资建设，全力以赴推进"四网融合"，全面提升广州轨道交通发展能级，有效缓解城市交通拥堵，改善市民出行条件，引领湾区城市发展。

科技创新：坚持创新驱动，推进数字化转型，在科技领域攀高向新，拓宽产业链集群，促进人才、资金、技术、数据等要素向新质生产力顺畅流动，为高质量发展注入强大动能。

绿色低碳：推广"设计、建设、运营"全流程的节能低碳管理，持续开展能源"双控"工作，推广应用节能技术，加速绿色技术赋能，实现绿色低碳发展。

人才培育：坚持"以人为本，快乐成长"的人才理念，保障员工合法权益，加强技能人才队伍建设，完善人才发展通道，努力营造公平、和谐的职场氛围，提升员工获得感、幸福感和归属感，实现企业与员工的共同成长。

温情服务：持续推进"百千万工程"，落实乡村振兴任务，聚焦打造全市首个培育和践行社会主义核心价值观地下长廊，持续开展"文化地铁，精彩旅程"系列活动，提升品牌形象。

3. 西安地铁可持续发展

西安地铁首条线路于 2011 年开通运营，截至 2024 年底，已开通运营 11 条线路，运营里程 403 公里，运营车站 236 座。

西安轨道交通集团有限公司作为西安地铁的运营主体，积极践行可持续发展理念，实行成本精细化管理，多措并举促进运营成本管控取得实效。

一是修订运营成本"三定"（定员、定额、定标）管理标准，从源头控制成本。从 2020 年启动标准化运营成本管理研究，根据公司生产规模、技术条件等因素，制定人员配备标准、专业消耗定额、成本费用标准或物资配备标准，确保各项经济资源合理配置，制定标准的经济指标共包括 5 大方面、54 项细化成果，进一步加强运营成本管控。

二是实施岗位融合与班制改革。客运专业调整票务服务岗位的班制,将车站票亭岗由原"四班两运转"调整为"三班两运转",车站票务打包返纳业务调整为七日结,客运值班员岗位由"四班两运转"调整为"七日结及盘点当天夜班,其余时间根据车站需求调整"。乘务专业试行"低峰常态化班组 + 高峰灵活调配班组"的组合班制。车辆专业整合定修班组,优化修程修制。信号专业将场段信号班组进行融合,压缩人员配置。通信专业整合正线班组数量。供电专业整合接触网、变电班组数量,班制调整为"四班两运转"和"综合排班制"的轮转换班。

三是强化技术创新力度,积极开展电客车转线改造。2023 年启动了电客车转线改造,每列车的改造费用较采购费用节约超过 2500 万元,有效盘活了固定资产,解决了线路运营电客车资源不足的问题,并为后续主要行车设备互联互通技术研究积累了经验。同时,大力支持员工自主创新,建立多个职工创新工作室,鼓励员工自主开展系统研发、零部件修旧利废、重大难题技术攻关等工作。

四是加大能源管理,严控能耗成本。通过优化行车组织,客流实时监测分析,采用不均衡运输、大小交路等方式精准配置运能,通过运力优化减少列车开行列次,节省牵引能耗超过 500 万千瓦·时;开启通风空调系统节能控制模式,持续优化参数设置;开展 LED 照明灯具改造;对信号系统中列车自动运行系统(Automatic Train Operation,ATO) 节能模式曲线进行研究分析,对软件进行修改,通过增加站台限速配置、调整节能策略的 PID 算法控制等方式,优化列车速度控制曲线,减少不必要的牵引和制动,能耗数据平均降低约 10% 。

五是推进智慧地铁建设,深化降本增效。紧跟人工智能、大数据、信息技术的发展,加大"智慧城轨"建设步伐,率先在全国推出手机扫码、刷脸乘车等智慧支付服务;全线网建成投用"智慧安检";与西安市气象服务中心合作建立"特殊气象预警网站",并落地全国首个"轨道交通气象站",实现提前防控、联合部署功能;试点应用"智能运维""智慧车站""客流监测预警系统""同车不同温"等轨道交通新技术。通过智慧城轨建设,在提升乘客出行体验与降本增效等方面取得实效,线网每站每月安保、保洁费降用显著降低。

六是提高物资管理水平,降低储备资金占用。推进通用物资跨中心、跨线路调配使用;通过评估缺件对运营造成的风险来确定关键备品备件最低库存量,对影响行车且采购周期较长的关键备品备件和高价互换配件制定最低库存量;结合设备实际,对状态较好、使用频次较低且不影响行车安全的备件,由必换件改为故障修,减少备件更换成本;通过国产化替代品研究、新购物资价格前期调研、提升与供货商谈判议价能力、控制采购价、计量周期优化等措施,减少物资采购成本。

综上所述,西安地铁通过成本精益化管控持续提升运营可持续发展水平。通过对标准制定、岗位融合与班制改革、技术创新、能源管理、智慧地铁建设、设备保障等措施的研究运用,多措并举促进运营成本管控取得实效,在保障安全和服务水平的基础上,每公里人员配比水平显著降低,为实现可持续的高质量发展奠定了坚实基础。

四　相关经验及启示

国外城市轨道交通发展起步较早,已探索出较为成熟的可持续发展道路,如东京地铁以运营为基础的可持续发展路径,新加坡地铁实现了花园城市融合发展的可持续发展路径,这些经验对于国内城市轨道交通行业的发展具有一定的借鉴意义。相较于国外,国内城市轨道交通可持续发展目前还处于探索阶段,但也不乏一些亮点与特色,如香港地铁"轨道＋物业"的可持续发展路径;广州地铁"融合发展、科技创新、绿色低碳、人才培育、温情服务"的可持续发展路径;西安地铁"成本精益化管理"的可持续发展路径。通过对若干国内外城市轨道交通可持续发展实践、经验及做法的总结,可以获得以下启示:

一是可持续发展的基础条件因地域而异,发展路径多样,各城市轨道交通应立足城市特点,结合本地实际情况,打破对标意识,摒弃盲目追求与其他城市一致的思维,根据自身城市的独特条件和特点,制定出适合本地的可持续发展策略,实现自我的可持续发展。

二是国内城市轨道行业还缺乏相关的可持续发展水平评价体系,有必要建立一套标准的评价体系,衡量各城市轨道交通的可持续发展水平,同时发挥指标的标尺和指挥棒作用,规范和引导城市轨道交通未来发展的行为和方向。

三是借鉴国际城市轨道交通可持续发展经验,有必要推动国内轨道交通运营企业根据全球报告倡议组织可持续发展报告标准,发布城市轨道交通企业的可持续发展报告,定期披露重大可持续发展议题及发展成效。

四是城市轨道交通可持续发展的根本保证是经济效益,在守好安全底线的同时如何确保城市轨道交通财务可持续发展是当前国内城市轨道交通运营企业面临的主要困境。有必要研究分析城市轨道交通行业"收入结构分析""成本结构分析""收支平衡分析"三本账,为财务可持续奠定基础。

第三章 新时代可持续城市轨道交通运营概述

一 城市轨道交通运营可持续发展目标和基本原则

城市轨道交通运营可持续发展目标就是要实现安全、便捷、高效、绿色、经济、包容、韧性各方面的均衡、协调发展,支撑我国全面建成交通强国发展目标,实现"人享其行"。发展可持续城市轨道交通运营的基本原则包括:

①可持续城市轨道交通运营应建立在联合国可持续发展目标框架下,保障城市轨道交通运营的可持续对于推动联合国可持续发展目标的实现起到积极作用和贡献。

②可持续城市轨道交通运营应建立在现代化高质量城市综合立体交通体系下,通过城市轨道交通运营的可持续,使得城市轨道交通与其他城市交通方式各展其长,实现资源最优配置,为提升城市综合交通运输效率、加快建设交通强国提供坚实保障。

③可持续城市轨道交通运营应建立在我国城市轨道交通行业发展现状基础上,当前我国城市轨道交通已进入以运营为主导的发展新阶段,除了落实运营前置理念,从规划设计源头做好新建城市轨道交通项目的可持续运营顶层设计外,更重要是针对既有城市轨道交通线路因城谋划,一线一策探索可持续城市轨道交通运营之路。

二　全生命周期视角下可持续城市轨道交通运营基本内容

可持续城市轨道交通运营包括安全、便捷、高效、绿色、经济、包容、韧性七个方面，它们之间既相互促进，又相互制约。并且与联合国可持续发展目标紧密相关，如图 3-1 所示。

图 3-1　可持续城市轨道交通运营基本内容

1. 安全

安全是可持续城市轨道交通运营的本质要求。安全与联合国可持续发展目标中目标 9（产业、创新和基础设施）、目标 11（可持续城市和社区）紧密相关，与目标 16（和平、正义与强大机构）也存在关联。

（1）发展方向

未来城市轨道交通的发展，在安全方面应当以人为本，坚持人民至上、生命至上，把保护人民生命安全摆在首位。树牢安全发展理念，坚持安全第一、预防为主、综合治理的方针，从源头上防范化解重大安全风险。通过追求运营管理过程中运营人员、设备系统、管理制度等诸要素的安全、可靠、和谐、统一，使各种危害因素始终处于受控状态，进而逐步趋近本质型、恒久型安全目标。

（2）规划及设计建设阶段相关建议

在项目的规划及设计建设阶段，应进一步提升设备设施的安全性要求，提升本质安全水平，主要措施包括：一是尽量采用全自动驾驶、无人值守主所等无人化设备,避免人的不安全行为;二是应用高可靠性、免维护的设备设施,避免物的不安全状态;三是加强对运行环境及设备设施的监测,降低环境的不安全因素。

(3)运营期建议及措施

在线路的运营期,全面导入"以确定性为中心"的现场安全及应急管理理念,一是结合线路当前特点梳理基于法律法规、规范标准指明的确定性风险及险性事件;二是基于隐患排查的前置性管理;三是通过数字化、信息化,实现预防性安全管理与应急管理的一体化;四是提升极端天气的应急处置能力。

2. 便捷、高效

便捷和高效是可持续城市轨道交通运营的必然要求。

便捷与联合国可持续发展目标中目标3(健康与福祉)、目标9(产业、创新和基础设施)、目标11(可持续城市和社区)紧密相关。

高效与联合国可持续发展目标中目标11(可持续城市和社区)紧密相关,与目标8(体面工作和经济增长)、目标12(负责任消费和生产)也存在关联。

(1)发展方向

未来城市轨道交通的发展,在便捷和高效方面应通过供给侧改革,使城市轨道交通运营能够满足乘客出行的需求,按乘客出行需求提供更加丰富的出行解决方案,同时围绕乘客"点对点"出行的全过程提升出行效率。

(2)规划及设计建设阶段相关建议

一是科学规划建设一定比例的中低运量轨道交通,作为对骨干线路的有效补充,进一步提高乘客的便捷性;二是普及全自动驾驶线路,提高旅行速度,并推广列车混合编组,减少平峰期及低峰期行车间隔,减少乘客候车时间;三是普及无障碍及助老设施,方便行动不便及老龄乘客进出车站和乘车出行;四是进一步提升票务系统的便捷性,提高乘客购票及进出站的效率;五是进一步提升安检便利化水平,并推动不同客流条件下差异化安检标准的落地;六是在客流集中的中心城区进一步优化站点布局,方便乘客出行。

(3)运营期建议及措施

一是向社会公布时刻表并实时提供线路动态信息服务,显示列车到发时刻、乘客引导、车厢拥挤度、前方换乘站客流等信息,提升信息服务的公开性和及时性,减少乘客候车等待时间;二是通过多种方式提升列车旅行速度、优化进站及安检环节的客流组织流线及换乘组织,全面提升城市轨道交通网络的运输输送效率;三是进一步优化公交接驳及非机动化出行的接驳,解决最后一公里的难题;四是在有条件的线网,采用贯通运营、共线运营等措施,提升城市轨道交通网络连通性;五是加快一体化出行服务系统建设,打通地铁、公交、网约车、共享单车等多种城市交通方式,实现一站式"无缝换乘"和"点到点"出行。

3. 绿色

绿色是可持续城市轨道交通运营的重大任务。

绿色与联合国可持续发展目标中目标13(气候行动)紧密相关,与目标7(廉价和清洁能源)、目标17(促进目标实现的伙伴关系)也存在关联。

(1)发展方向

未来城市轨道交通的发展,在绿色方面应紧跟能源革命下电网结构的改变,对标以新能源为主导的新型电力系统,主动适应新的电网结构,逐步降低对地方电网长时间持续稳定供电的依赖。

(2)规划及设计建设阶段相关建议

一是线路铺设及车站建设要充分考虑能耗因素,控制地下段长度及地下车站规模;二是在列车和车站推广使用电化学储能技术;三是按照应设尽设的原则开展屋面光伏建设。

(3)运营期建议及措施

一是因地制宜,积极开展屋面光伏发电系统建设;二是通过增加储能及蓄冷设施削弱高峰期对电网的负荷需求;三是更换节能设备并加强日常能耗管理;四是对运行图进行灵活调整,提高列车再生制动利用率。

4. 经济

经济是可持续城市轨道交通运营的根本保证。

经济与联合国可持续发展目标中目标11(可持续城市和社区)、目标12(负责任消费和生产)紧密相关,与目标7(廉价和清洁能源)也存在关联。

(1)发展方向

未来城市轨道交通的发展,在经济方面应实现低成本的建设及运营。

(2)规划及设计建设阶段相关建议

一是积极发展中低运量轨道交通;二是提高线路及车站的高架化比例,节省建设投资;三是供电系统的市电化或无网化,节省主变电所及环网投资;四是广泛采用节能设备设施。

(3)运营期建议及措施

一是通过培养"一专多能"复合型人才队伍,降低人工成本;二是加强能耗管理措施,结合车辆段光伏发电和车站储能等,进一步降低能耗成本及后期可能产生的绿证购买费用;三是选择合适的设备维保模式、优化修程修制、加强备品备件管理,降低维修成本;四是在保证运营安全的基础上,优化架修大修修程修制,降低车辆架大修成本,同时加大非票资源的经营、TOD 的配套服务等,提升经营收益。

5. 包容

包容是可持续城市轨道交通运营的鲜明标识。

包容与联合国可持续发展目标中目标10(减少不平等)、目标11(可持续城市和社区)紧密相关,与目标16(和平、正义与强大机构)也存在关联。

(1)发展方向

未来城市轨道交通的发展,在包容方面应协调发展、共享发展。

(2)规划及设计建设阶段相关建议

在规划及设计建设阶段,兼顾各型大城市的交通需求。《"十四五"全国城市基础设施建设规划》提出:分类推进城市轨道交通建设。Ⅰ型大城市应结合实际推进轨道交通主骨架网络建设,并研究利用中低运量轨道交通系统适度加强网络覆盖,尽快形成网络化运营效益;符合条件的Ⅱ型大城市结合城市交通需求,因地制宜推动中低运量轨道交通系统规划建设。

(3)运营期建议及措施

一是进一步普及无障碍及助老设施,满足老年人、学龄前儿童、孕妇和残障人士等弱势群体使用设施的可达性、安全性和公平性;二是推动线网公平化服务,合理调整小客流车站服务水平,提升公共资源(政府运营补贴)分配的公平性;三是推进票价调整及票价结构性改革,逐步提升线网票价水平。

6. 韧性

韧性是可持续城市轨道交通运营的重要组成部分。

韧性与联合国可持续发展目标中目标11(可持续城市和社区)、目标16(和平、正义与强大机构)紧密相关,与目标13(气候行动)也存在关联。

(1)发展方向

未来城市轨道交通的发展,在韧性方面一是通过市场化方式逐步实现对城市轨道交通项目的多元化投资,减少对地方政府财政的单一依赖;二是不断增强线路在极端天气条件下的保障运输能力;三是全面强化公司内部治理。

(2)规划及设计建设阶段相关建议

一是促进政府与社会资本及市场化运营商开展合作;二是提升城市轨道交通防灾设施系统的可用性;三是从设计、购置环节考虑减少对单一来源系统设备的依赖。

(3)运营期建议及措施

一是推动有条件的城市轨道交通项目逐步实现市场化运营;二是提升应对恶劣气候条件或人为破坏下的运营保障能力;三是通过设备更新及技术改造,降低对单一来源关键系统设备的依赖;四是持续开展数字化转型,逐步降低日常运营对关键岗位和关键人员的依赖程度。

在可持续的城市轨道交通运营的七个要素当中,安全和经济与其他多种要素均存在制约关系,安全是可持续城市轨道交通运营的本质要求,经济是可持续城市轨道交通运营的根本保证,实现可持续城市轨道交通运营的关键在于实现安全性和经济性的平衡。可持续城市轨道交通运营的多维度要求决定了城市轨道交通运营企业可持续发展路径的多样化,城市轨道交通运营企业应根据线路及自身特点,选择特色化的可持续城市轨道交通运营发展路径。

三　城市轨道交通运营可持续发展与 ESG 的关系

ESG 是 Environment(环境)、Social(社会)和 Governance(公司治理)的缩写。这三个方面共同构成了城市轨道交通运营企业在运营过程中需要关注的关键领域。

(1)环境

主要指城市轨道交通运营企业的绿色低碳发展,包括节能降耗、绿电生产及利用、生产及办公废弃物处理等方面。

(2)社会

主要指城市轨道交通运营企业的社会责任履行,包括员工福利提升、劳动者权益保障、社区及乘客共建和采购供应链管理等方面。

(3)公司治理

主要指企业的管理架构和治理机制,主要包括公司组织架构、相关利益方权益、公众透明度、监察审计措施等方面。

ESG 从环境、社会、公司治理三方面为城市轨道交通运营企业的发展提供了全新视角,与城市轨道交通可持续运营在绿色、包容、韧性方面的要求高度契合。但ESG 与可持续发展也存在以下显著的差异。

（1）侧重点不同

ESG 侧重于企业层面的具体实践和绩效评估,而可持续发展则更侧重于宏观层面的长期发展战略和目标设定。

（2）适用范围不同

ESG 主要适用于企业和出资人,作为企业社会责任和投资决策的评估标准。可持续发展评价则适用于政府、行业、社会各界和企业,作为行业整体发展规划和政策制定的指导原则。

（3）评估方式不同

ESG 通常通过定量和定性相结合的方式评估企业的表现,例如碳排放量、员工满意度、治理结构透明度等具体指标。而可持续发展更多依赖于政策目标和发展指标。

ESG 和可持续发展是现代社会经济发展的两大重要理念。ESG 作为企业层面的评估工具,帮助企业和投资者更好地理解和实践可持续发展。而可持续发展则是宏观层面的指导原则,推动政府、企业和社会各界共同努力,实现经济、社会和环境的协调发展。两者既有紧密的联系,又有各自的特点和应用场景,只有在两者的共同作用下,才能真正实现社会的可持续发展。城市轨道交通可持续发展是城市轨道交通企业在平衡安全、服务和成本的基础上,全面践行 ESG 理念的结果,是城市轨道交通企业实现高质量发展的必然要求。

四 城市轨道交通运营可持续发展评价体系

1. 评价体系现状

在城市轨道交通运营可持续发展评价方面,目前还缺乏相关的评价体系。国际地铁协会（Community of Metros,CoMET）与中国城市轨道交通协会（China Association of Metros,CAMET）现有的评价体系侧重于城市轨道交通公司运营绩效方面的评价。国际地铁协会指标体系从整体运营、乘客服务、管理效率、安全、财务和环境六个方面的表现对线路进行综合评价,共计 35 个指标。中国城市轨道交通协会指标体系包括 5 类,分为基础指标、客流指标、运行指标、能耗指标、成本指标,指标共计 49 个。

目前,在城市轨道交通运营可持续发展评价层面,国内外关于轨道交通运营可持续发展评价指标体系的研究较少,研究多集中在运营绩效方面,且采用的指标按照绝对值进行评价(即指标值越大越优或者越小越优),导致各城市轨道交通运营单位过度地追求某一方面的领先,相关投入产出不成比例,忽视了整体的均衡、协调发展,不适用于可持续发展评价。因此,城市轨道交通行业有必要建立一套运营可持续发展评价体系,衡量各城市轨道交通的运营可持续发展水平,同时发挥指标的标尺和指挥棒作用,规范和引导城市轨道交通未来发展的行为和方向。

2. 评价体系设计依据及原则

(1)设计依据

落实联合国可持续发展目标及中国交通强国建设目标,全面协调推进可持续发展的经济、环境、社会三大领域要求,结合当前发展阶段城市交通现状,遵循指标构建的科学性、系统性、导向性、客观性等原则要求,选取典型反映安全、便捷、高效、绿色、经济、包容、韧性等城市交通可持续发展目标的指标,综合评估城市交通实施可持续发展理念的状况。

(2)设计原则

城市轨道交通可持续发展评价体系设计,一方面应遵循可持续发展的一般要求,另一方面也必须充分考虑轨道交通的自身特点,在研究和设计评价指标体系时,遵循以下原则:

科学性:即评价指标要能充分反映城市轨道交通运营可持续发展的主要内涵及质量水平,且各指标之间不能存在交叉重复。

系统性:即将城市轨道交通运营可持续发展评价指标体系作为一个有机整体,

从各个角度反映城市轨道交通运营可持续发展的特征和状况,各指标之间应相互联系、相互补充、相互完善。

导向性:指标体系的设置和评价的实施目的在于引导被评估对象实现可持续发展目标,因而应围绕可持续发展目标进行指标设计,以规范和引导城市轨道交通未来发展的行为和方向。

客观性:即评价指标应客观公正,评价数据来源可靠、准确,能够真实地反映一个地区城市轨道交通运营可持续发展水平。

3. 评价体系指标选取建议

参考联合国可持续发展指标、交通强国建设指标、CoMET 指标体系、CAMET 指标体系、《城市轨道交通运营指标体系》(GB/T 38374—2019)、《城市轨道交通效能评价指标体系》(T/CAMET 01002—2019),结合国资委国有企业一利五率考核要求以及中国香港、新加坡、日本东京及大阪等城市轨道交通运营单位发布的可持续发展报告相关内容,从安全、便捷、高效、绿色、经济、包容、韧性七个方面进行选取。

安全评价指标主要从运营的安全、员工的安全、乘客的安全、治安环境的安全四个评价维度遴选指标。便捷评价指标主要从空间上的便捷、时间上的便捷、出行过程的便捷三个评价维度遴选指标。高效评价指标主要从准点、速度两个评价维度遴选指标。绿色评价指标主要从能耗本身、碳排放情况、节能设施的利用三个评价维度遴选指标。经济评价指标主要从建设的经济性、运营的经济性、经营的经济性、对未来的促进四个评价维度遴选指标。包容评价指标主要从对所有乘客的包容、对弱势群体的包容、企业管理的包容三个评价维度遴选指标。韧性评价指标主要从服务的韧性、设备的韧性、经营的韧性、人员的韧性四个评价维度遴选指标。目前初步筛选评价指标 43 个,各指标主要根据国内行业现状并兼顾国外情况推荐,后续根据下文评价体系设计思路中"线路级评价体系""线网级评价体系""城市级评价体系"的不同评级目标,调整评价指标,具体如表 3-1 所示。

城市轨道交通可持续发展评价指标（推荐）　　　　　　表 3-1

一级指标	二级推荐指标	指标单位
安全	运营事故发生件数	件·年
	等效运营险性事件发生率	件/（百万列·公里）
	乘客客伤率	人/百万人次
	员工工伤率	人/（万人·年）
	治安事件发生率	件/百万人次
便捷	机动化出行分担率	%
	线路平均运营服务时间	小时
	车站周边公交路线平均覆盖数量	条
	个性化一站式出行 MaaS 系统乘客使用率	%
	便捷支付乘客比例	%
高效	列车准点率	%
	乘客平均出行效率	公里/时
	（加权）列车平均旅行速度速度利用率	%
绿色	每人百公里平均能耗	千瓦·时/（百人·公里）
	每人公里平均碳排放	克/（人·公里）
	LED 灯具普及率	%
	一级能效空调制冷量占比	%
	电客车再生制动装置普及率	%
	车站再生制动装置普及率	%
	每人公里平均水消耗量	升/（人·公里）
经济	单位周转量静态投资	万元/（人·公里）
	资产负债率	%
	生产性净现金流占直接运营成本比例	%
	全员生产率（含委外人员）	万人·公里/（人·日）
	车公里利用率	%
	非票收入占比	%
	研发经费投入强度	%
包容	票价水平	%
	乘客满意度	%
	复数无障碍通路设置率	%
	无障碍卫生间设置率	%

一级指标	二级推荐指标	指标单位
包容	自动体外除颤仪（Automated External Defibrillator, AED）设备配备率	%
	员工满意度评价	%
	企业残疾人雇佣率	%
	企业女性管理人员比例	%
	中小企业产品及服务采购金额占比	%
韧性	运营服务停止时长	分钟
	黄色预警天气条件下准点率	%
	橙色预警天气条件下服务水平	分钟
	运营对地方财政依赖度	%
	运营生产关键系统设备单一来源比例	%
	生产岗位复合取证比例	%
	数据管理人员比例	%

4.评价体系设计思路

（1）指标选取依据

在构建城市轨道交通运营可持续发展评价体系时,指标选取的依据主要包括以下几个方面:

①国际框架:参考联合国可持续发展目标(SDGs),如 SDG3.6(道路安全)、SDG9.1(基础设施)和SDG11.2(可持续交通系统),确保评价体系与全球可持续发展目标接轨。

②国家战略:结合中国交通强国建设目标,全面协调推进经济、环境、社会三大领域的可持续发展要求。

③行业标准:借鉴国际地铁协会(CoMET)和中国城市轨道交通协会(CAMET)的评价体系,吸收其在运营绩效、环境效益等方面的成熟经验。

④国内外实践:参考中国香港、新加坡、日本东京等城市轨道交通运营单位发布的可持续发展报告,结合国内行业现状,选取具有代表性的指标。

指标选取围绕安全、便捷、高效、绿色、经济、包容、韧性七个核心维度展开，涵盖运营、服务、设施、环境等方面，全面反映城市轨道交通运营的可持续发展水平。

（2）不同层次评价目标与指标调整逻辑

根据评价对象的不同，城市轨道交通运营可持续发展评价体系分为线路级、线网级和城市级三个层次。每个层次的评价目标不同，需动态调整指标的选取和权重分配，以确保评价体系的针对性和科学性。

①线路级评价体系。

评价目标：衡量单条线路（如有轨电车、地铁和市域铁路）在安全、便捷、高效、绿色、经济、包容、韧性方面的表现，发现其优势与不足，为优化运营和提升服务提供依据。

指标调整逻辑：根据轨道交通制式的特点，优化指标选取。具体如下：

a.有轨电车：增加"交叉口事故率""轨道绿化率"等指标，突出绿色性和便捷性；

b.地铁：增加"高峰小时客流强度""再生制动装置普及率"等指标，突出高效性和经济性；

c.市域铁路：增加"站点覆盖率""列车满载率"等指标，突出便捷性和韧性。

②线网级评价体系。

评价目标：评估城市轨道交通线网整体的协调性、资源利用效率和综合服务能力，发现线网规划和运营中的问题，为优化线网布局和资源配置提供依据。

指标调整逻辑：在线路级指标的基础上，增加反映线网整体特征的指标。具体如下：

a.便捷性：线网覆盖率（服务人口比例）、平均换乘时间；

b.高效性：线网客流强度、线网平均旅行速度；

c.绿色性：线网总能耗、线网碳排放总量。

③城市级评价体系。

评价目标:评估城市轨道交通对城市经济、社会、环境的综合贡献,衡量其在城市可持续发展中的作用,为政策制定和战略规划提供依据。

指标调整逻辑:在线网级指标的基础上,增加反映城市轨道交通促进城市整体发展的指标。具体如下:

a. 经济性:城市轨道交通对城市地区生产总值的贡献率、投资回报率;

b. 绿色性:城市轨道交通对城市碳排放的贡献率、清洁能源使用比例;

c. 包容性:弱势群体出行便利性、票价负担水平。

(3)指标选取与应用场景的结合

评价指标不仅是衡量轨道交通可持续发展水平的工具,更是指导城市轨道交通规划、建设和运营的重要依据。在实际应用中,需根据不同城市轨道交通的发展阶段和实际需求,动态调整指标的选取和权重分配。具体如下:

①规划阶段。重点关注绿色性指标和经济性指标,如"每人公里碳排放""单位建设成本",以指导城市轨道交通的低碳化和经济性建设。

②建设阶段。重点关注安全性指标和韧性指标,如"运营事故发生件数""线路冗余率",确保城市轨道交通系统的安全性和可靠性。

③运营阶段。重点关注高效性指标和便捷性指标,如"列车准点率""平均换乘时间",提升乘客体验和运营效率。

5. 评价体系模型及示例

在城市轨道交通运营可持续发展评价体系设计中,针对线路级、线网级和城市级三个不同层次的评价对象,推荐采用层次分析法、综合评价法、熵权法和多目标决策模型等方法。以下选择综合评价法和层次分析法进行说明。

(1)综合评价法

①基本原则。

a. 将评价指标体系分为两层,第一层次为"分项评价指数",第二层次为

"指标";

b. 不同层次(线路级、线网级、城市级)选取不同的评价指标;

c. 不计算可持续发展综合评价指数,通过各分项评价指数找出短板,促进均衡协调发展。

②方法步骤及说明。

a. 对各分项下的每个指标,通过构造比较矩阵赋予权重(权重之和为1),权重设置需考虑不同层次评价对象的特点;

b. 采用1~5分的评价值进行数值评价,评分基准根据行业标准规范、行业发展情况、不同层次评价对象特点、不同轨道交通制式的特征进行设置,并定期调整优化;

c. "分项评价指数"为各指标加权分值之和;评价等级为:5分(优秀)、4分(良好)、3分(中等)、2分(及格)、1分(亟待改进)。

③评价示例。

在实际应用时,应根据评价层次(表3-2)及对象、评价目标和实际情况在"表3-1 城市轨道交通可持续发展评价指标(推荐)"基础上进行调整,确定评价指标。

评价层次表　　　　　　　　　　　　　　　　　　　表3-2

评价层级	分类评价	重点关注指标/增加指标
线路级评价	有轨电车	交叉口事故率、轨道绿化率、单位建设成本
	地铁	等效运营险性事件发生率、每人公里碳排放、列车准点率
	市域铁路	站点覆盖率、换乘便捷性、列车满载率
线网级评价	—	换乘便捷性、线网覆盖率、线网运营协同效率
城市级评价	—	轨道交通出行分担率、与其他交通方式接驳效率、对城市经济贡献率

以国内某条地铁线路为例,根据以上评价原则和方法,确定评价指标、权重及基准,如表3-3所示。依据各项指标收集实际统计数据,对其各具体指标进行评分并赋予权重,并按照权重计算分项评价指数,具体如表3-4所示。

评价权重及评价基准设置 表 3-3

分项	推荐指标	指标单位	权重	评价数值(推荐)				
				5	4	3	2	1
安全	运营事故发生件数	件·年	0.2	0	—	1	—	≥2
	等效运营险性事件发生率	件/(百万列·公里)	0.5	≤1	≤1.5	≤2	≤3	>3
	乘客客伤率	人/百万人次	0.1	≤0.5	≤1	≤2	≤5	>5
	员工工伤率	人/(万人·年)	0.1	≤1	≤2	≤3	≤5	>5
	治安事件发生率	件/百万人次	0.1	≤0.1	≤0.5	≤1	≤3	>3
便捷	机动化出行分担率	%	0.4	≥50	≥30	≥20	≥10	<10
	线路平均运营服务时间	h	0.4	≥18	≥17	≥16	≥14	<14
	车站周边公交路线平均覆盖数量	条	0.1	≥4	≥3	≥2	≥1	<1
	个性化一站式出行(MaaS)系统乘客使用率	%	0.05	≥30	≥25	≥20	≥10	<10
	便捷支付乘客比例	%	0.05	≥90	≥70	≥60	≥30	<30
高效	列车准点率	%	0.5	≥99.8	≥99.5	≥99	≥98	<98
	乘客平均出行效率	公里/时	0.4	≥32	≥28	≥24	≥20	<20
	(加权)列车平均旅行速度速度利用率	%	0.1	≥50	≥45	≥42	≥40	<40
绿色	每人百公里平均能耗	千瓦·时/(百人·公里)	0.3	≤5	≤7	≤10	≤20	>20
	每人公里平均碳排放	克/(人·公里)	0.5	≤15	≤30	≤50	≤80	>80
	LED灯具普及率	%	0.04	≥90	≥80	≥70	≥60	<60
	一级能效空调制冷量占比	%	0.04	≥90	≥80	≥70	≥60	<60
	电客车再生制动装置普及率	%	0.04	≥100	≥90	≥80	≥70	<70
	车站再生制动装置普及率	%	0.04	≥60	≥50	≥40	≥30	<30
	每人公里平均水消耗量	升/(人·公里)	0.04	≤0.2	≤0.3	≤0.5	≤1	>1
经济	单位周转量静态投资	万元/(人·公里)	0.3	≤0.2	≤0.5	≤0.8	≤1	>1
	资产负债率	%	0.3	≤70	≤80	≤85	≤90	>90
	生产性净现金流占直接运营成本比例	%	0.15	≥10	≥5	≥2	≥0	<0
	全员生产率(含委外人员)	万人·公里/(人·日)	0.1	≥1.5	≥1	≥0.5	≥0.2	<0.2
	车公里利用率	%	0.05	≥98	≥95	≥92	≥90	<90

续上表

分项	推荐指标	指标单位	权重	评价数值（推荐）				
				5	4	3	2	1
经济	非票收入占比	%	0.05	≥10	≥6	≥4	≥2	<2
	研发经费投入强度	%	0.05	≥5	≥3	≥2	≥1	<1
包容	票价水平	%	0.5	≤3	≤4	≤4.5	≤5	>5
	乘客满意度	%	0.3	≥95	≥80	≥70	≥60	<60
	复数无障碍通路设置率	%	0.04	≥80	≥60	≥40	≥20	<20
	无障碍卫生间设置率	%	0.03	≥90	≥75	≥50	≥30	<30
	自动体外除颤仪（Automated External Defibrillator, AED）设备配备率	%	0.03	100	≥80	≥50	≥30	<30
	员工满意度评价	%	0.025	≥98	≥95	≥90	≥80	<80
	企业残疾人雇佣率	%	0.025	≥2	≥1.5	≥1	≥0.5	<0.5
	企业女性管理人员比例	%	0.025	≥25	≥20	≥15	≥10	<10
	中小企业产品及服务采购金额占比	%	0.025	≥30	≥20	≥15	≥10	<10
韧性	运营服务停止时长	分钟	0.3	0	≤60	≤120	≤300	>300
	黄色预警天气条件下准点率	%	0.2	≥99.5	≥99	≥97	≥95	<95
	橙色预警天气条件下服务水平	分钟	0.15	≤12	≤15	≤20	≤30	>30
	运营对地方财政依赖度	%	0.2	≤20	≤40	≤60	≤80	>80
	运营生产关键系统设备单一来源比例	%	0.05	≤1	≤3	≤5	≤10	>10
	生产岗位复合取证比例	%	0.05	≥30	≥30	≥20	≥10	<10
	数据管理人员比例	%	0.05	≥5	≥4	≥3	≥2	<2

综合评价法示例　　　　　　　　　　　　　　　　表3-4

类别	指标名称	指标单位	权重	指标值	指标分值	分项评价指数
安全	运营事故发生件数	件·年	0.2	1	3	3.80
	等效运营险性事件发生率	件/（百万列·公里）	0.5	0.68	5	
	乘客客伤率	人/百万人次	0.1	2.4	2	
	员工工伤率	人/（万人·年）	0.1	2.8	3	
	治安事件发生率	件/百万人次	0.1	1.2	2	

类别	指标名称	指标单位	权重	指标值	指标分值	分项评价指数
便捷	城市机动化出行分担率	%	0.4	36	4	3.45
	线路平均运营服务时间	小时	0.4	16.5	3	
	车站周边公交路线平均覆盖数量	条	0.1	2.5	3	
	个性化一站式出行(MaaS)系统乘客使用率	%	0.05	20	3	
	便捷支付乘客比例	%	0.05	75	4	
高效	列车准点率	%	0.5	99.00	3	2.50
	乘客平均出行效率	公里/时	0.4	22	2	
	(加权)列车平均旅行速度速度利用率	%	0.1	41	2	
绿色	每人公里平均能耗	千瓦·时/(百人·公里)	0.4	6.93	4	3.42
	每人公里平均碳排放	克/(人·公里)	0.5	38.8	3	
	LED灯具普及率	%	0.02	76	3	
	一级能效空调制冷量占比	%	0.02	78	3	
	电客车再生制动装置普及率	%	0.02	80	3	
	车站再生制动装置普及率	%	0.02	45	3	
	每人公里平均水消耗量	升/(人·公里)	0.02	0.27	4	
经济	单位周转量静态投资	万元/(人·公里)	0.3	0.45	4	3.85
	资产负债率	%	0.3	73	4	
	生产性净现金流占直接运营成本比例	%	0.15	5	4	
	全员生产率(含委外人员)	万人·公里/(人·日)	0.1	0.8	3	
	车公里利用率	%	0.05	94	3	
	非票收入占比	%	0.05	8	4	
	研发经费投入强度	%	0.05	3	4	
包容	票价水平	%	0.5	4	3	3.91
	乘客满意度	%	0.3	96	5	
	复数无障碍通路设置率	%	0.04	75	4	
	无障碍卫生间设置率	%	0.03	85	4	
	AED(自动体外除颤器)设备配备率	%	0.03	100	5	

续上表

类别	指标名称	指标单位	权重	指标值	指标分值	分项评价指数
包容	员工满意度评价	%	0.025	98	5	3.91
	企业残疾人雇佣率	%	0.025	2.5	5	
	企业女性管理人员比例	%	0.025	25.0	5	
	中小企业产品及服务采购金额占比	%	0.025	25.0	4	
韧性	运营服务停止时长	分钟	0.3	110	3	3.40
	黄色预警天气条件下准点率	%	0.2	98.00	3	
	橙色预警天气条件下服务水平(行车间隔)	分钟	0.15	15	4	
	运营对地方财政依赖度	%	0.2	35	4	
	运营生产关键设备单一来源比例	%	0.05	5	3	
	生产岗位复合取证比例	%	0.05	25	3	
	数据管理人员比例	%	0.05	4	4	

根据评价结果,国内城市轨道交通运营单位管辖某条地铁线路可持续发展水平为:安全3.80分、便捷3.45分、高效2.50分、绿色3.42分、经济3.85分、包容3.91分、韧性3.40分,各方面发展较为均衡协调。

④评价分析。

综合评价法在应用中,计算方法直观,易于实施,适用性强,可处理不同类型、不同单位的指标;各指标评价标准按照区间化设置,可有效避免绝对值评价从而导致各城市轨道交通运营单位过度追求某一指标的领先,避免其在某一方面的过度投入;同时可通过不同分项评价指数发现可持续发展方面的短板,促进均衡、协调发展。

综合评价法适合对不同线路/线网/城市或对同一线路/线网/城市不同统计期内的七个分项进行打分和比较,对线路可持续发展水平进行评价。该评价模型中具体指标评价基准、权重确定可能会受主观因素影响,应定期根据标准规范、行业发展状况进行优化调整。

（2）层次分析法

①基本原则。

a.将城市轨道交通运营可持续发展评价指标体系分为三层,第一层次为"可持续发展综合指数",第二层次为"分项评价指数",第三层次为"指标";

b.不同层次(线路级、线网级、城市级)选取不同的评价指标;

c.计算综合评价指数,可用于横向和纵向比较。

②方法步骤及说明。

a.由于各评价指标具有不同的量纲,不能直接对比,应结合数据选择适合的量纲化处理方式,求得规范值,具体可参照《城市轨道交通效能评价指标体系》(T/CAMET 01002—2019);

b.针对各具体指标及各分项构造两两比较判断矩阵,进行矩阵构造及计算,同时考虑不同层次评价对象特点,确定权重并定期优化;

c.对各层次评价采用加权平均法,计算各分项评价指数以及可持续发展综合评价指数;

d.同一评价对象的不同时期比较,指数值越高,则其对应可持续发展水平越高;不同评价对象的同期比较,指数值越高,则其对应可持续发展水平越高。

③评价示例。

同样以国内城市轨道交通运营单位管辖某条地铁线路为例,根据以上评价基本原则和方法,对其各具体指标采用归一化处理,统一处理为0~5之间的同量纲数值,并按照权重计算分项评价指数,具体如表3-5所示。再结合权重采用加权平均法,计算得到可持续发展综合评价指数,如表3-6所示。

层次分析法示例　　　　　　　　　　　　　　　　　　　表3-5

类别	指标名称	指标单位	权重	指标值	规范值
安全	运营事故发生件数	件·年	0.261	1	4.00
	等效运营险性事件发生率	件/(百万列·公里)	0.468	0.68	4.32

续上表

类别	指标名称	指标单位	权重	指标值	规范值
安全	乘客客伤率	人/百万人次	0.090	2.4	3.50
	员工工伤率	人/(万人·年)	0.090	2.8	3.25
	治安事件发生率	件/百万人次	0.090	1.2	3.80
便捷	城市机动化出行分担率	%	0.391	36	2.57
	线路平均运营服务时间	小时	0.340	16.5	3.44
	车站周边公交路线平均覆盖数量	条	0.149	2.5	2.50
	MaaS 系统乘客使用率	%	0.060	20	1.00
	便捷支付乘客比例	%	0.060	75	3.75
高效	列车准点率	%	0.696	99.00	4.95
	乘客平均出行效率	公里/小时	0.229	22	2.75
	(加权)列车平均旅行速度速度利用率	%	0.075	41	3.42
绿色	每人公里平均能耗	千瓦·时/(百人·公里)	0.353	6.93	4.52
	每人公里平均碳排放	克/(人·公里)	0.434	38.8	3.16
	LED 灯具普及率	%	0.043	76	3.80
	一级能效空调制冷量占比	%	0.043	78	3.90
	电客车再生制动装置普及率	%	0.043	80	4.00
	车站再生制动装置普及率	%	0.043	45	2.25
	每人公里平均水消耗量	升/(人·公里)	0.043	0.27	4.55
经济	单位周转量静态投资	万元/(人·公里)	0.385	0.45	3.75
	资产负债率	%	0.202	73	2.26
	生产性净现金流占直接运营成本比例	%	0.137	5	1.00
	全员生产率(含委外人员)	万人·公里/(人·日)	0.096	0.8	0.80
	车公里利用率	%	0.058	94	4.75
	非票收入占比	%	0.063	8	1.60
	研发经费投入强度	%	0.058	3	1.50
包容	票价水平	%	0.450	4	3.33
	乘客满意度	%	0.194	96	4.80
	复数无障碍通路设置率	%	0.091	75	3.75
	无障碍卫生间设置率	%	0.058	85	4.25

类别	指标名称	指标单位	权重	指标值	规范值
包容	AED设备配备率	%	0.058	100	5.00
	员工满意度评价	%	0.035	98	4.90
	企业残疾人雇佣率	%	0.038	2.5	2.50
	企业女性管理人员比例	%	0.038	25.0	4.17
	中小企业产品及服务采购金额占比	%	0.038	25.0	3.57
韧性	运营服务停止时长	分钟	0.371	110	3.90
	黄色预警天气条件下准点率	%	0.210	98.00	4.90
	橙色预警天气条件下服务水平(行车间隔)	分钟	0.174	15	4.00
	运营对地方财政依赖度	%	0.085	35	2.94
	运营生产关键设备单一来源比例	%	0.064	5	3.33
	生产岗位复合取证比例	%	0.048	25	3.57
	数据管理人员比例	%	0.048	4	2.00

注:表中的规范值是指采用量纲化处理方式对原始指标进行规范化处理后的值。

层次分析法评价示例结果

表3-6

分项	分项权重	分项评价指数	综合评价指数
安全	0.3845	4.02	
便捷	0.1489	2.83	
高效	0.0962	4.33	
绿色	0.0753	3.76	3.81
经济	0.1749	3.87	
包容	0.0583	3.87	
韧性	0.0619	3.90	

根据评价结果,国内某城市轨道交通运营企业管辖某条地铁线路可持续发展水平为:安全4.02分、便捷2.83分、高效4.33分、绿色3.76分、经济3.87分、包容

3.87 分、韧性 3.90 分,可持续发展综合评价 3.81 分。

④评价分析。

层次分析评价模型在应用中,能够将复杂问题系统化、层次化,也有利于各城市轨道交通运营单位之间对管辖线路的比较。通过层次分析法可以建立适合城市轨道交通企业所管辖线路自身特点的可持续发展指标体系(七个维度的分项权重 +某个维度内各指标的分项权重),能够进行同一线路/线网/城市不同统计期、同一统计期内不同线路/线网/城市间可持续发展评价指数的比较。但是具体指标权重的设置有一定的主观性,同时当指标数量大时,判断矩阵构造较为复杂。

(3)应用注意事项

本书中的指标选取、基准值设置和权重设置以阐述方法为主,仅供参考。具体应用中需根据不同层次的评价对象、评价目的、行业发展、实际情况等进行优化调整,确保评价体系的适用性和科学性。

①指标选取和权重分配的动态性。

a.需根据评价对象,定期调整评价目标;

b.考虑技术进步和政策变化进行更新;

c.保持指标体系的前瞻性和适用性。

②评价基准的差异性。

a.不同层次(线路级、线网级、城市级)评价对象应采用不同评价基准;

b.不同轨道交通制式(有轨电车、地铁、市域铁路)采用不同评价基准;

c.定期根据行业发展情况调整基准值。

第四章　实现城市轨道交通可持续运营的路径

城市轨道交通可持续运营应在新的时代条件下，立足新发展理念，为城市轨道交通运营高质量发展指明全方面价值导向。对于城市轨道交通运营管理者来说，不能像以前以单一角度或者两三个维度来思考可持续发展的问题，必须站在更高的层面，通过全局思维解决在可持续运营道路上可能遇到的各种问题。

一　明确不同时期城市轨道交通的交通功能定位

全局思维为城市轨道交通行业可持续发展提供了宏观视角，这个视角立足点是对于城市轨道交通功能的合理定位。城市综合交通体系可以从空间、使用性质和输送对象三个维度进行划分，城市轨道交通在三个维度下分别具有大流量交通廊道及特殊地形条件下主要交通方式、优先发展的公共交通方式和优先保障的城市居民运输体系的定位，是城市综合立体交通体系的关键组成部分。城市轨道交通在城市综合立体交通体系中起到的主要功能有提供公共出行服务、疏解城市高峰期道路交通和增强城市综合交通体系韧性。

1. 公共出行服务功能

提供公共出行服务是城市轨道交通的基本功能。公共服务是满足公民基本需求、促进社会福利和公平的服务。城市轨道交通满足的是公民基本出行需求,而非针对特定群体的高品质出行需求,因此城市轨道交通的公共服务必须明确服务标准并设置合理的上限,对于超出政府公共财政支付能力以外的出行需求,公民可以通过私家车或共享出行等方式予以解决。城市轨道交通的服务标准通常包括服务时间、行车间隔、列车满载率、车站利用率等,不同线路、相同线路的不同车站都应根据实际情况确定其公共服务标准,特别是服务的上限,如什么情况下降低列车开行频次或跳停个别车站,什么情况下晚于/早于线路开始/停运时间停止个别车站服务等,以确保公共财政资金使用的公平性,并根据客流变化情况定期进行调整。

2. 城市高峰期道路交通疏解功能

疏解城市高峰期道路交通拥堵是城市轨道交通核心功能。发展城市轨道交通是解决大城市病的有效途径,也是建设绿色城市、智能城市的有效途径。城市轨道交通能够有效解决城市高峰期道路交通通行能力不足的问题,提高城市综合交通体系的运行效率,促进城市运行高效有序。疏解城市高峰期道路交通拥堵的前提是存在高峰期的道路交通拥堵,如果当前城市轨道交通线路出行服务的覆盖区域不存在这种现象,则该城市轨道交通线路在现阶段运营过程中就不具有疏解城市高峰期道路交通拥堵的功能。

3. 增强城市综合交通体系韧性功能

增强城市综合交通体系韧性是总体国家安全观对城市轨道交通提出的必然要求。城市轨道交通相较于城市其他交通方式,受到恶劣天气及自然灾害的影响相对较小,因此具有保障城市在特殊及应急情况下基本交通出行需求的功能,城市轨道交通应进一步加强相关应急防灾措施,以提升城市综合交通体系的韧性水平。

由于不同城市、不同线路的功能定位不尽相同,因此实现可持续发展的目标及路径必然有所差异。当前国内城市轨道交通行业存在的一个常见问题就是对具体城市轨道交通线路的功能定位不明确,没有根据当前实际情况确定线路的合理功能定位,通常是从工程可行性研究和初步设计的角度,将线路全生命周期可能发挥的功能都叠加到当前阶段,从而造成部分客流强度不足的新开通线路在初期运营阶段管理繁杂,运营成本高居不下,增大了公共财政资金的支出。因此要实现城市轨道交通可持续发展,首先需要明确当前具体城市轨道交通线路的功能定位,不同城市的城市轨道交通线路功能定位有差异,同一个城市不同线路之间功能有差异,这些正是不同城市及区域发展阶段不同和发展水平不均衡的客观表现,因此在运营服务和管理上也应采取差异化的服务水平及管理措施。

二 形成多方协同的整体解决方案

实现城市轨道交通行业的可持续发展是一个系统性工程,仅仅依靠城市轨道交通运营企业单方面的努力是远远不够的,必须在政府相关政策的支持及引导下,通过企业、乘客及产业链上下游多方协同,才能推动城市轨道交通行业实现可持续发展。

1. 政府的扶持、引导与监管职能

政府在城市轨道交通的可持续发展中扮演着决定性的角色。当前城市轨道交通实现可持续发展面临着:工程建设资金还本付息包袱重、运营无相关税收优惠及减免、部分既得利益群体反对城市公共出行服务价格和服务标准调整三个方面的突出问题。需要地方政府降低城市轨道交通运营企业的负债总额及利息水平,让运营企业能够轻装上阵,特别是当前个别城市轨道交通运营企业的融资水平远高于社会平均水平,巨额负债和高额利息几乎让城市轨道交通可持续发展失去了基本的保证;同时对具有公共服务属性的城市轨道交通运营企业采取税收减免措施,加强公共出行服务行业专业化监督机制,通过引导和建设,形成正确的关于公共交

通服务价格和服务标准的社会舆论导向。

同时国家相关部委应加强对地方政府关于公共交通运营补贴支出责任的管理,明确不同类型城市公共交通运营财政补贴占地方政府一般公共预算收入的最低比例。对于前期大量采用车公里补贴模式的城市轨道交通(PPP)项目,地方政府应根据线路开通后的实际情况适时开展补贴模式合理性论证,避免造成社会资源不必要的浪费。

2. 企业作为市场主体应提升企业经营效益

城市轨道交通运营企业作为城市轨道交通线路的运营主体,其经营效益直接关系到整个系统的可持续发展。企业需要将自身定位为市场化的经营主体,通过不断提升自身的管理水平,在确保安全运营、标准化服务的同时不断进行成本优化。此外,企业还应积极利用城市轨道交通具有的独特资源禀赋,创新商业模式,探索多元化收入来源,增加收入渠道,提升企业经营效益。

3. 使用者付费水平的提升及标准化服务

在确保城市轨道交通包容性的基础上,通过票制票价调整,提高使用者付费水平是确保城市轨道交通系统可持续发展的关键因素之一。使用者服务水平原则上可按照居民公共交通出行支出占其可支配收入的比例与地方政府一般性财政支出中公共交通支出所占比例进行匹配。政府应制定公共交通票价的动态调整机制,同时确保社会低收入人群的公共出行保障水平不受影响。

4. 产业链提供各种新质量生产力,推动城市轨道交通高质量发展

城市轨道交通行业产业链上下游相关企业是行业实现创新发展的原动力。行业的相关企业应不断创新,提供各种新技术、新材料、新设备,在确保安全的基础上,推动城市轨道交通向着"数智城市轨道交通、低碳城市轨道交通"的方向实现高质量发展。同时还应注重新的数字化人才的培养,为更加高效和经济的城市轨道交通数字化运营提供充足的人才支持。

三　将可持续发展理念贯穿城市轨道交通全生命周期

城市轨道交通行业的可持续发展作为一个复杂的系统性问题,在项目最初的规划工可阶段就需要从可持续发展的全方位视角进行提前综合考虑,并在项目全生命周期的各个阶段持续关注可持续发展相关问题,才能有效推动城市轨道交通行业实现可持续发展。

1. 规划工可阶段

在规划阶段和工可阶段,要充分考虑城市发展、人口老龄化及经济发展方式转变等多种因素。在当前条件下,应把中低运量制式和运营列车灵活编组作为优先考虑的问题,通过控制线路建设规模为可持续发展预留充足的空间。

2. 设计建设阶段

在设计阶段和建设阶段,应充分考虑线路运营全生命周期可能面临的相关问题,在确保开通初期线路满足相关基本功能的同时,对后期的相关功能需求进行相应的预留,便于后续的工程实施或调整。对于与客流直接相关的系统设备的数量及功能,如车辆、信号系统、自动收检票系统等,应根据运营初期客流预测进行合理的选择和配置。

3. 运营初期

运营初期阶段是城市轨道交通线路进入到可持续发展 PDCA[①] 循环的最初阶段,因此这个阶段对于实现可持续发展至关重要。应根据运营初期的客流来制定合理的可持续发展目标及对应的运营方案,采用数字化运营管理模式对运营过程

---

① PDCA 循环,即 P(Plan)计划、D(Do)执行、C(Check)检查、A(Action)行动,四阶段不断重复推进。

中的各种资源要素进行合理高效配置,实现运营初期的轻装上阵,并积极引入新的技术手段持续提升可持续发展水平。

4. 更新改造阶段

在更新改造阶段,应围绕城市轨道交通企业制定的可持续发展目标,按照"保安全、提效益、补短板"的原则,根据外部环境、客流及乘客需求的变化情况,持续开展系统更新改造和运营管理组织架构的优化调整,以确保城市轨道交通线路的长期安全、高效、低碳和经济运行。

通过将可持续发展理念贯彻到城市轨道交通全生命周期的各个阶段,可以确保城市轨道交通线路不仅能满足当前阶段的功能需求,还能为线路适应未来城市的发展变化提供更多可选择性,实现经济、社会和环境的和谐发展,从而构建一个更加可持续的城市综合交通体系。

四　解决好可持续发展的重点问题

为了实现可持续发展的目标,必须解决好一系列的重点问题,这些问题涉及安全、经济、高效、便捷和包容等相互制约又相互促进的多个方面。只有通过系统性的思考和综合性的策略,才能确保可持续发展的系统性、整体性和协同性。

1. 基本原则

(1)坚持系统思维

可持续发展是一个多维度、多层次的复杂系统,需要从全局出发,考虑各要素之间的相互作用和影响。按系统思维要求,在解决问题时不仅要看到单一要素的作用,还要看到它们之间的关联和整体效应。

(2)增强可持续发展的系统性、整体性和协同性

系统性要求要从整个城市综合交通体系的角度来考虑问题,而不是仅仅关注

城市轨道交通线路本身;整体性要求要考虑可持续发展的七个方面,不能忽视任何一个方面从而形成制约可持续的短板;协同性要求注重可持续发展不同目标之间的协调和配合,以较小的代价实现可持续发展的目标。

2. 重点问题的处理

（1）安全和经济

安全是城市轨道交通可持续发展的本质要求,没有安全,城市轨道交通可持续发展的其他方面都无从谈起,但是安全性的提升必然带来运营成本的增加,从而影响经济性。因此,需要找到安全和经济之间的平衡点,通过技术创新和管理创新,提高安全水平,降低安全成本,实现安全和经济的双赢。

（2）安全和高效

高效的运营管理是城市轨道交通可持续发展的必然要求,但这一切都必须建立在安全的基础上。需要通过优化流程、提高技术水平和加强安全管理,来实现安全和效率的和谐统一。

（3）安全和韧性

韧性是城市轨道交通系统在面对外部环境影响和内部变化时的适应能力和恢复能力。在确保安全的前提下,提高系统的韧性,可以增强城市轨道交通线路及城市综合交通体系适应外部环境变化的能力。

（4）经济和包容

包容性是指系统对不同群体的接纳和适应能力,包容是城市轨道交通可持续发展的鲜明标识。在提高城市轨道交通经济效益的同时,必须确保对社会低收入群体的公平性和服务可及性。通过政策支持、技术创新和社会参与等多种方式,实现经济和包容的和谐发展,使可持续发展的城市轨道交通惠及更多人群。

通过解决好可持续发展过程中可能遇到的这些重点问题,不断提升城市轨道交通可持续发展的水平,将为社会、企业及乘客各方带来长期的效益。

3. 可持续发展目标制定与自我评价

根据财政部发布的公开信息,我国可持续披露准则制定的总体目标是:到 2027 年,可持续披露基本准则、气候相关披露准则相继出台;到 2030 年,国家统一的可持续披露准则体系基本建成。

城市轨道交通行业作为重点行业,相关运营企业均为大型及特大型企业,制定明确的可持续发展目标,定期开展自我评价及可持续信息披露不仅是国家的统一要求,也是企业实现可持续高质量发展的必由之路。

第五章 城市轨道交通
可持续发展与数字化转型

一 数字化转型基本概念

《信息化和工业化融合 数字化转型 价值效益参考模型》（GB/T 23011—2022）明确指出,数字化转型是深化应用新一代信息技术,激发数据要素创新驱动潜能,建设提升数字时代生存和发展的新型能力,加速业务优化、创新与重构,构造、传递并获取新价值,实现转型升级和创新发展的过程。

数字化转型的核心要义是要将基于工业技术专业分工取得规模化效率的发展模式,逐步转变为基于信息技术赋能作用获取多样化效率的发展模式。开展数字化转型,应系统把握如下四个方面。

1. 数字化转型是信息技术引发的系统性变革

对企业而言,数字经济时代的不确定性增加,以及信息技术进一步引领组织模式创新和生产方式变革都对企业的数字化转型产生影响。企业数字化转型的过程就是技术创新与管理创新协调互动,生产力变革与生产关系变革相辅相成,实现螺旋式上升、可持续迭代优化的体系性创新和全面变革过程。城市轨道交通行业系统性变革要点如表 5-1 所示。

城市轨道交通行业系统性变革要点一览 表5-1

变革要点		物资经济时代 ——规模经济	规模经济下的城市 轨道交通运营行业	数字经济时代 ——范围经济	范围经济下的城市 轨道交通运营行业
发展 特征	市场 环境	环境相对稳定	客流按照传统经济发展与出行变化关系理论初、近、远期持续增长	不确定性显著增加	数字化、老龄化、低欲望社会带来社会层面的深刻变化,低空经济、全自动驾驶带来行业层面的深刻变化,客流难以如同工程可行性预测趋势般增加。对特大城市来说,目前线网客流已经进入峰值区间并将相对保持稳定;对于非省会的三四线城市而言,客流很难有大的增长空间,在实现城市轨道交通线路基本成网后,客流将呈逐步下降的趋势
	供需 关系	生产主导	运营单位制定运营计划(运营计划相对固定,通常需要作为消费者的乘客来适应运营计划)	消费主导	支持乘客个性化、动态化、多样化的需求。按照消费者平均利益暨乘客平均出行效率最大化原则制定运行计划,并根据客流变化情况进行灵活调整
	主导 逻辑	提高规模化发展效率(低成本、高效率)	通过网络化、规模化提升客流,降低运营成本;通过具体专业(车辆、信号)的技术创新进行降本增效	提高多样性发展效率(创新、高质量)	更加灵活多样的行车组织(既有业务的改善提升)、个性化一站式出行(MaaS)、与物流深度融合、公共交通导向的综合开发(TOD)、基于数据的乘客个性化服务
	业务 模式	传统业务	乘客运输、广通商资源经营	业务数字化 + 数字化业务	业务数字化:乘客运输(数字化运营)、广告(数据定价)、商铺(数据定价 + 业态选择)、通信(数据定价) 数字化业务:个性化一站式出行(MaaS)、智能多媒体广告(根据站内乘客情况实时播放)、电商定向引流(流量或成交分成)、应用程序(App)运营(基于乘客数据)、城市轨道交通运营数据的资产化及相关交易

变革要点		物资经济时代——规模经济	规模经济下的城市轨道交通运营行业	数字经济时代——范围经济	范围经济下的城市轨道交通运营行业
生产方式变革（生产要素变革）	工作方式	脑力＋体力	主要依靠组织及个人知识与经验工作，重复性劳动多，无效劳动多	人机智能融合	主要依靠数字化系统提供数据和策略，员工负责选择、指挥和执行，无效劳动大大减少，劳动生产率大幅提升
	生产关系	机械化/自动化工具	减轻体力劳动强度	数字化/网络化/智能化工具	减轻脑力劳动强度、降低对经验的依赖并避免经验依赖可能造成的不良后果
	生产对象	物资材料	运营设备	数据、信息、知识	运营人员、运营设备、乘客、运营规则、风险隐患业务全域要素的数据及相关业务规则
组织模式变革（体制机制变革）	组织边界	企业内和供应链范围	运营主体、业务受托单位、业务监管部门	全社会范围	随企业多样性发展业务范围的扩大而扩大
	组织关系	支配与被支配	甲方-乙方不平等关系，上级-下级，多层级金字塔组织架构	赋能与协作	甲乙方共同创造、使用数据，甲乙双方平等化；上下级共同进行数据分析、决策，组织架构扁平化
	利益分配	按劳动分配	收入差距小，主要依靠职级、工作年限定薪	按价值分配	收入差距扩大，主要依靠对数据的分析与使用能力定薪

2. 数字化转型的根本任务是价值体系优化、创新和重构

组织（企业）是一个创造、传递、支持和获取价值的系统，每一项数字化转型活动都应围绕价值效益展开。数字化转型在根本上是要推动企业价值体系优化、创新和重构，不断创造新价值，打造新动能。城市轨道交通运营企业价值体系重构如表5-2所示。

城市轨道交通运营企业价值体系重构　　　　　　　　表 5-2

价值体系构成	一般理论	城市轨道交通运营企业
价值主张	卖方市场→买方市场	以安全和既定生产计划为中心→以乘客需求(个性化、动态化、多样化)为中心的城市轨道交通可持续发展
价值创造	技术创新→能力建设	分专业的技术创新→整合业务全要素的一体化数字平台(依托平台提供的服务对人力成本不敏感,并能提升多样性效率)
价值传递	商品交易→能力共享	招投标选择性价比高的合格供应商→寻求有长期价值的合作伙伴
价值支持	单一要素→全要素	运营设备→业务全域要素的数据(运营人员、运营设备、乘客、运营规则、风险隐患)
价值获取	单一业务→业务生态	传统业务→传统业务数字化＋全新数字化业务

3. 数字化转型的核心路径是新型数字能力建设

数字化转型过程就是一个系统性创新的过程,应对转型和创新引发的高度不确定性,相关方最迫切需要提升的是应对挑战、抢抓机遇的新型数字能力。数字经济时代的新型能力就是数字化生存和发展能力,就是为适应快速变化的环境,深化应用新一代信息技术,建立、提升、整合、重构组织的内外部能力,赋能业务加速创新转型,构建竞争合作新优势,改造提升传统动能,形成新动能,不断创造新价值,实现新发展的能力。

4. 数字化转型的关键驱动要素是数据

数据是继土地、劳动力、资本、技术之后的第五大生产要素,其核心作用包括:首先数据作为一种信息沟通的媒介,通过数字化转型推动基于数据的信息透明和对称,可提升组织(企业)综合集成水平,提高社会资源的综合配置效率;其次,随着区块链等技术发展,数据也已成为一种新的信用媒介,通过数字化转型推动基于数据的价值在线交换,可提升数字组织(企业)价值创造能力,提高社会资源的综合利用水平;第三,用数据科学重新定义生产机理,数据还将成为知识经验和技能的新载体,通过数字化转型推动基于数据模型的知识共享和技能赋能,可提升生态组织开放合作与协同创新能力,提高社会资源的综合开发潜能。

二 城市轨道交通数字化转型的实现途径

为有效实现数字化转型,按照价值体系优化、创新和重构的要求,城市轨道交通运营企业应从发展战略、新型数字能力建设、系统性解决方案、治理体系、业务创新转型五个方面构建系统化、体系化的关联关系,务实有效推进数字化转型进程。

1. 发展战略

开展数字化转型,首要任务就是要制定数字化转型战略,并将其作为企业整体发展战略的核心组成部分,把数据驱动的理念、方法和机制根植于发展战略全局,围绕企业总体发展战略提出的愿景、目标、业务生态蓝图等大的战略方向,系统设计数字化转型战略,提出数字化转型的目标、方向、举措、资源需求等,如表5-3所示。

城市轨道交通运营企业数字化转型战略　　　　表5-3

目标	方向	举措	资源需求
以数字化转型助力城市轨道交通运营企业实现可持续发展与"人享其行、物畅其流"的美好愿景	制定适合自身特点的个性化可持续发展路径,打造数据+流程驱动的运营管理体系,并按照城市轨道交通可持续发展七个方面的既定目标进行持续改进	量化的可持续发展指标体系、建设新型数字能力、打造系统性解决方案、变革治理体系、业务创新转型	数据资源、政策支持、资金投入、技术人才、合作伙伴

2. 新型数字能力建设

城市轨道交通运营企业应将新型数字能力建设作为贯穿数字化转型始终的核心路径,通过识别和策划新型数字能力(体系),搭建数字化运营管理平台,持续建设、运行和改进新型数字能力,支持业务按需调用能力以快速响应乘客出行需求及政府管理要求变化,从而加速推进业务创新转型,获取可持续竞争合作优势。城市轨道交通运营企业的核心价值为提供公共出行服务,其新型数字能力主要包括如下五个方面的能力。

(1)与价值创造的载体有关的能力

城市轨道交通运营企业应打造与价值创造的载体暨城市轨道交通运营体系有关的能力,主要为利用新一代信息技术强化城市轨道交通运营管理体系策略制定与优化过程创新,开展面向城市轨道交通运营全生命周期的数字化设计与仿真优化等,提升并行、协同、自优化等能力。

(2)与价值创造的过程有关的能力

城市轨道交通运营企业应打造与价值创造的过程暨城市轨道交通运营过程有关的能力,主要包括数字化运营管理能力和信息安全管理能力,实现运营管理各项活动数据贯通和集成运作,提升数据驱动的一体化柔性运营管理和智能辅助决策等能力,实现覆盖运营生产全过程、作业全场景、运营管理各项活动的信息安全动态监测和分级分类管理等,提升信息安全防护和主动防御等能力。

(3)与价值创造的对象有关的能力

城市轨道交通运营企业应打造与价值创造的对象暨乘客有关的能力,主要为乘客服务能力,包含乘客需求定义能力、快速响应能力、创新服务能力,动态分析乘客行为,基于乘客画像开展个性化、场景化的乘客出行与场景服务需求分析、优化与定位,以乘客需求为中心构建城市轨道交通运营服务响应网络,快速、动态、精准响应和满足乘客需求,开展基于乘客出行全周期、全场景的数据共享和业务集成,创新服务场景,提供延伸服务、跨界服务、超预期增值服务。

(4)与价值创造的主体有关的能力

城市轨道交通运营企业应打造与价值创造的主体暨企业本身有关的能力,主要为员工赋能能力,包括人才开发能力与知识赋能能力,不断加强价值导向的人才培养与开发,赋予员工价值创造的技能和知识,最大程度地激发员工价值创造的主动性和潜能。

(5)与价值创造的驱动要素有关的能力

城市轨道交通运营企业应打造与价值创造的驱动要素暨数据有关的能力,主要为数据开发能力,将数据作为关键资源、核心资产进行有效管理,充分发挥数据作为创新驱动核心要素的潜能,深入挖掘数据作用,开辟价值增长新空间。

3. 系统性解决方案

城市轨道交通运营企业应深化应用新一代信息技术,策划实施涵盖数据、技术、流程、组织四要素的系统性解决方案,支持打造新型能力,加速业务创新转型,并通过四要素的互动创新和持续优化推动新型数字能力和业务创新转型的持续运行和不断改进。

(1)数据要素

数据要素主要涉及数据资产化、挖掘数据要素价值和创新驱动潜能等内容。为加强数据要素的开发利用,城市轨道交通运营企业应开展的活动包括但不限于:完善数据采集范围和手段,利用传感技术等,提升运营人员、设备设施、乘客、运营生产及管理活动、供应链/产业链、全生命周期、全过程乃至产业生态等"人、机、料、法、环"相关数据的自动采集水平;推进数据集成与共享,采用数据接口、数据交换平台等开展多源异构数据在线交换和集成共享;强化数据建模与应用,提升单元级、流程级、网络级、生态级的数据建模以及基于模型的决策支持与优化挖掘水平。

(2)技术要素

技术要素主要涉及新型数字能力建设涵盖的信息技术、产业技术、管理技术等内容,以及各项技术要素集成、融合和创新等。城市轨道交通运营企业应从设备设施、信息技术(IT)软硬件、网络、平台等方面,充分发挥云计算、大数据、物联网、人工智能等新一代信息技术的先导作用,系统推进技术集成、融合和创新。

（3）流程要素

流程要素主要涉及新型数字能力建设相关业务流程的优化设计以及数字化管控等内容,包括但不限于:开展跨部门/跨层级流程、核心业务端到端流程和产业生态合作伙伴间端到端业务流程等的优化设计;应用数字化手段开展业务流程的运行状态跟踪、过程管控和动态优化等。

（4）组织要素

组织要素主要涉及新型数字能力建设运行相关的职能职责调整、人员角色变动以及岗位匹配等内容,包括但不限于:根据业务流程优化要求确立业务流程职责,匹配调整有关组织架构、部门职责、岗位职责、合作伙伴关系等;按照调整后的职能职责和岗位胜任要求,开展员工岗位胜任力分析、人员能力培养、按需调岗等,不断提升人员优化配置水平。

4. 治理体系

打造新型数字能力,推进业务创新转型,除了策划实施系统性解决方案以提供技术支持外,城市轨道交通运营企业还应建立相匹配的治理体系并推进管理模式持续变革以提供管理保障。治理体系包括数字化治理、组织机制、管理方式、组织文化四个方面。

（1）数字化治理

组织应运用架构方法,从数字化领导力培育、数字化人才培养、数字化资金统筹安排、安全可控建设等方面,建立与新型数字能力建设、运行和优化相匹配的数字化治理机制。

（2）组织机制

组织应从组织结构设置、职能职责设置等方面,建立与新型数字能力建设、运行和优化相匹配的职责和职权架构,不断提高针对用户日常动态、个性化需求的响应速度和柔性服务能力。

（3）管理方式

组织应从管理方式创新、员工工作模式变革等方面，建立与新型数字能力建设、运行和优化相匹配的组织管理方式和工作模式，推动员工自组织、自学习、主动完成创造性工作，支持员工自我价值实现，与组织共同成长。

（4）组织文化

组织应从价值观、行为准则等方面入手，建立与新型数字能力建设、运行和优化相匹配的组织文化，把数字化转型战略愿景转变为组织全员主动创新的自觉行为。

5. 业务创新转型

组织应充分发挥新型数字能力的赋能作用，加速业务体系和业务模式创新，推进传统业务创新转型升级，培育发展数字新业务，通过业务全面服务化，构建开放合作的价值模式，快速响应、满足和引领市场需求，最大化获得价值效益。业务创新转型包括业务数字化、业务集成融合、业务模式创新和数字业务培育四个方面。

（1）业务数字化

业务数字化是指单个部门或单一环节相关业务的数字化、网络化和智能化发展。城市轨道交通运营企业应深化新一代信息技术在产品/服务、研发设计、生产管控、运营管理、市场服务等环节的深度应用，逐步提升各业务环节的数字化、网络化、智能化水平。

（2）业务集成融合

业务集成融合是指跨部门、跨业务环节、跨层级的业务集成运作和协同优化。城市轨道交通运营企业应按照纵向管控、价值链、产品生命周期等维度，系统推进业务集成融合。

（3）业务模式创新

业务模式创新是指基于新型数字能力模块化封装和在线化部署等，推动关键业务模式创新变革,构建打通组织内外部的价值网络,与利益相关方共同形成新的价值模式。

(4)数字业务培育

数字业务培育是指通过数字资源、数字知识和数字能力的输出,运用大数据、人工智能、区块链等技术,基于数据资产化运营形成服务用户及利益相关方的新业态。

三　数字化运营下的城市轨道交通运营管理

1. 城市轨道交通数字化运营基本概念及基本特点

城市轨道交通数字化运营是在当前数字技术高度发展的条件下,借助人工智能、大数据、数字孪生仿真等新型数字化技术,在已有各种运营管理信息化系统及数字化平台基础上涌现的一种数据驱动的全新运营管理模式。数字化运营的本质特征在于"数据驱动、和而不同",是新质生产力在城市轨道交通行业应用的具体表现。城市轨道交通数字化运营管理体系架构如图5-1所示。

数字化运营通过对城市轨道交通日常运营"人、机、料、法、环"五种业务全域要素进行数字化处理,运用具有数字孪生功能的运营管理仿真平台对实际城市轨道交通运营站-线-网各业务场景进行数字孪生仿真,通过数据驱动方式对"行车客运、设备维保、安全应急、资产经营"四方面运营核心业务进行管理,从而帮助不同城市轨道交通企业按照城市轨道交通可持续发展七个方面的既定目标进行持续改进,实现可持续的城市轨道交通运营。

2. 城市轨道交通数字化运营典型业务管理场景

(1)行车组织与列车运用数字化管理

在城市轨道交通数字化运营阶段"数据 + 流程"驱动的运营管理模式下,城市轨道交通运营企业使用行车组织与列车运用管理数字化平台(以下简称行车管理数字化平台),对乘务/站务/维修人员等运营生产人员(人)情况、车辆/轨道/信号/供电等关键设备(机)状态、线路客流/断面客流/车站客流分时特征等(料)数据、列车运用/行车组织/车辆检修/能耗水平等(法)规则、行车环境风险/设备故障等(环)风险进行数字化,利用平台建立的数字孪生体与仿真引擎结合各类规则库和算法库进行长时段连续业务仿真(包括客流匹配分析、列车编组/行车计划/场段运转模拟、能源消耗分析等),输出不同条件下最优的列车运用与行车组织计划,经过人员确认后交给行车相关系统进行实体化执行。行车管理数字化平台通过实时监控、仿真推演、智能化决策支持、实体化执行与反馈优化的管理方式,兼顾乘客出行的高效便捷、行车调度的快速响应与灵活调整、列车运用的精准高效人/机/料资源的合理利用,持续优化行车组织与列车运用规则,实现安全、便捷、高效、绿色、经济、包容、韧性七个方面的持续改进。

图 5-1 城市轨道交通数字化运营管理体系架构[①]

---

① 图片来源:自行绘制。

（2）车站运转与客运数字化管理

在城市轨道交通数字化运营阶段"数据＋流程"驱动的运营管理模式下，城市轨道交通运营企业使用车站运转及客运数字化管理平台（以下简称车站生产数字化平台）对车站运转及客运相关的人（站务、三保等属地工作人员），机（车站建筑结构及设备），料（客流时间、空间特征），法（车站客运/运转工作方案、突发事件应急预案），环（车站生产风险）五种业务全域要素进行数字化，建立量化的符合自身特点的可持续发展评价指标体系，构建车站生产空间、时间、对象实体、业务规则数字孪生体与仿真引擎，建立车站服务水平量化感知与数字化管控体系，根据各类规则库和算法库进行长时段连续业务仿真与分解指标数据测算，输出条件最优的车站生产管理规则与车站人力资源管理计划，得到客流数据驱动下车站运营管理的行为要求，交给站务管理信息化系统进行实体化执行；执行所产生的实体业务数据将作为仿真平台各类规则库和算法库的重要评价与影响因子，再次进入车站生产数字化平台进行治理、分析与应用，并不断优化运营业务管理策略，实现车站生产管理在安全、便捷、高效、绿色、经济、包容、韧性七个方面的科学平衡，最终支撑整体企业/线路的可持续发展。

（3）乘务全职业周期数字化管理

在城市轨道交通数字化运营阶段"数据＋流程"驱动的运营管理模式下，城市轨道交通运营企业使用乘务全职业周期数字化管理平台（以下简称乘务生产数字化平台）对乘务生产的人（驾驶员、车场组），机（列车），料（乘客、乘客满意度），法（驾驶员培训、应急预案、薪酬成本），环（行车风险、突发事件）五种业务全域要素进行数字化，建立和量化符合线路乘务运转特点的可持续发展评价指标体系，着力推进单/多线下乘务高效管理。通过对客流特点、线路技术要求、驾驶员能力的精准分类、剖析，将多线驾驶员有机融合，实现驾驶员与线路的科学匹配，推动人员合理流动、全盘管理、活化团队；在完成线路现状评估基础上构建线路运行图、乘务机班、突发事件与对策的全量数字孪生体与仿真引擎，通过灵活可配的仿真参数与定制化乘务仿真算法，完成长时段运转仿真（含应急处置场景），输出各线条件最优的乘务运转组织管理计划(班次、班制、班表),创新执行"灵活化班制",有效提升人员效率。以上乘务生产策略传递至乘务信息化系统进行班表执行、运转数据生成/比对,为乘务仿真平台各类算法规则提供分析、校对基础,实现乘务运转与人员管理在安全、便捷、高效、绿色、经济、包容、韧性七个方面的合理平衡,切实降低运转成本、提升工作效率、促使团队/线路高质量发展。

(4)设备运行与维保数字化管理

在城市轨道交通数字化运营阶段"数据 + 流程"驱动的运营管理模式下,城市轨道交通运营企业围绕"以可用性为中心"这一设备运行与维保的指导思想,使用设备运行与维保数字化管理平台(以下简称设备运维数字化管理平台)落实设备运维中人(设备使用人员、设备维保人员),机(设备参数与状态),料(客流与客运服务),法(设备运行方案与修程修制),环(设备故障、故障影响)五种业务全域要素数字化,结合线路客流/行车/运营服务要求、设备对客流运输及服务的影响、运营维保资源与成本等对各设备运维业务场景进行仿真,寻找条件最优的设备运维策略;通过设备实体基于业务的部件级解耦与重组、运维任务生产需求与解耦、员工能力数字化构建等,实现运维工单智能创建与精准分发。

设备运维数字化管理平台通过不断收集设备维保信息化系统的执行结果数据,持续调优运维各环节匹配机制与规则应用,构建出数据驱动的一体化柔性设备运行与维保数字化模式,实现设备运行与维保在安全、便捷、高效、绿色、经济、包容、韧性七个方面的科学平衡,重点落实设备运行安全性与维保经济性要求,助力实现企业、线路可持续发展。

3. 城市轨道交通数字化运营价值效益

价值效益是企业开展业务活动所创造且可度量的经济和社会价值及效益的结果。它既是企业数字化转型的出发点,也是数字化转型的落脚点。城市轨道交通运营企业利用新一代信息技术的赋能作用,通过数字化转型实现价值体系优化、创新及重构,在实现存量业务效率提升、成本降低、质量提高的同时,不断获取日益个性化、动态化的价值和新的增量空间,实现新的高质量可持续发展。

(1)生产运营优化

生产运营优化类价值效益主要基于传统存量业务,包括效率提升、成本降低和质量提高等方面。

对于城市轨道交通运营企业,其生产运营优化类价值效益预期目标如表5-4所示。

城市轨道交通运营企业生产运营优化类价值效益预期目标　　表5-4

价值效益		城市轨道交通运营企业价值效益预期目标
效率提升	规模化效率	提升系统运力运量(现有设备条件下)
	多样化效率	不同的行车方案满足乘客需求
成本降低	研发成本降低	通过数字化仿真降低试错成本
	生产成本降低	通过降低人工成本和能耗,使乘客单位公里成本显著下降
	管理成本降低	扁平化组织架构带来管理成本降低
	交易成本降低	优化修程修制以减少不必要备品备件及耗材的采购
质量提高	服务质量	乘客每公里出行花费时间显著缩短
	安全管理水平	安全隐患得到及时有效管控,险性事件发生次数显著减少
	业务受托单位协作质量	业务受托单位业务能力明显提升,并实现现场工作充分协同
	全要素全过程质量	人员能力提升,设备可用性提高,乘客素质提高,运营规则全面完善,险性事件减少

(2)产品/服务创新

产品/服务创新类价值效益主要专注于拓展基于传统业务的延伸服务,包括新产品/新服务、服务延伸与增值、主营业务增长等方面。

对于城市轨道交通运营企业,其产品/服务创新类价值效益预期目标如表5-5所示。

城市轨道交通运营企业产品/服务创新类价值效益预期目标　　表5-5

价值效益		城市轨道交通运营企业价值效益预期目标
新产品/新服务	创造新的市场机会和价值空间	利用35kV环网为沿线客户提供配电服务
	提高单位产品/服务的价值	站线分离的定价方式、智能多媒体广告(根据站内乘客情况实时播放)

价值效益		城市轨道交通运营企业价值效益预期目标
服务延伸与增值	一次性交付获取价值转变为多次服务交易获取价值	MaaS（一站式出行服务）
	拓展原有产品的增值服务内容	通过客流数据定价的广告业务,通过客流数据定价的商铺租金及确定业态,通过数据定价的民用通信租金
主营业务增长	提升主营业务核心竞争力	通过服务水平提升促进客运量持续增长
	通过协同、个性化定制等新模式,提升柔性适应市场变化的能力	低峰时段沿线大客户时刻表定制、定制化专列（中低运量）

（3）业态转变

业态转变类价值效益相应的业务体系通常会发生颠覆式创新,主要专注于发展壮大数字业务,形成符合数字经济规律的新型业务体系。业态转变类价值效益主要包括为用户/产业生态合作伙伴连接与赋能、数字新业务和绿色可持续发展等方面。

对于城市轨道交通运营企业,其业态转变类价值效益预期目标如表5-6所示。

城市轨道交通运营企业业态转变类价值效益预期表 表5-6

价值效益		城市轨道交通运营企业价值效益预期目标
用户/产业生态合作伙伴连接与赋能	将利益相关者转化为增量价值的创造者,满足用户的碎片化、个性化、场景化需求	联合相关方为乘客会员提供增值服务
	快速扩大价值空间边界,不断做大市场容量	具备数据分析能力及低代码编程能力的员工数量达到一定规模,具备能力输出和规模化运营条件
数字新业务	数据资源商业化	脱敏乘客数据信息的有偿提供、App运营（基于乘客数据）
	数字化工具商业化	乘车过程中电商定向引流（流量或成交分成）
	数字化运营平台的商业应用	通过专门数字化科技公司对外进行能力输出
绿色可持续发展	提升节能、环保、绿色、低碳管控水平,提升资源利用率	乘客单位公里能耗显著降低,绿电使用率显著提升
	推动绿色、可再生新材料、新工艺、新能源的推广应用	通过发电、储能配电等新业务,实现发电-储能-节电全过程低碳化

价值效益		城市轨道交通运营企业价值效益预期目标
绿色可持续发展	构建完善数字产业生态,降低物资资源消耗	提高资源利用效率,减少物资资源消耗,降低运营成本

四　数字化运营与城市轨道交通可持续运营

数字化运营解决的核心问题是城市轨道交通运营可持续的问题,数字化运营旨在实现"安全、便捷、高效、绿色、经济、包容、韧性"的可持续城市轨道交通运营。

城市轨道交通运营的可持续发展包括:"安全、便捷、高效、绿色、经济、包容、韧性"七个方面,七个方面的目标相互促进,但也存在彼此制约。在可持续发展的要素当中,安全和经济与其他多种要素均存在制约关系,安全是城市轨道交通可持续运营的本质要求,经济是城市轨道交通可持续运营的根本保证,实现城市轨道交通可持续运营的关键在于实现安全性和经济性的平衡。

传统运营管理方式通常以经验和职能驱动,惯常围绕可持续发展的一个方面目标的达成制定相关行动计划,难以科学合理地平衡可持续发展不同方面的发展水平,容易顾此失彼导致出现明显短板,不利于城市轨道交通运营企业高质量可持续发展。

数字化运营解决方案基于城市轨道交通运营"人、机、料、法、环"全域业务要素的全面数字化处理,深度融合人工智能、大数据等新型数字技术对城市轨道交通运营站-线-网各业务场景进行数字孪生仿真,在多重运营管理目标约束下,通过海量数据仿真、验证与寻优,输出相应的最优化运营管理策略建议,从而实现对运营关键业务的数据驱动,打造全新运营管理模式。

数字化运营解决方案作为一种新质生产力,能快速有效提升城市轨道交通运营企业安全管理水平,降低全生命周期运营成本,是传统城市轨道交通运营企业通过数字化转型实现高质量发展、可持续发展的有效途径。

第六章　抢抓机遇提升城市轨道交通运营可持续发展水平

一　国内城市轨道交通线网成型的机遇期

在中国城市轨道交通快速发展的背景下,国内城市轨道交通线网的成型为加快可持续发展转型提供了重要机遇。以下从现代化都市圈建设带动市域(郊)线路需求,超大、特大型城市局部加密,大型城市建设成网,中低运能及文旅轨道项目四个方面进行详细分析。

1. 现代化都市圈建设带动市域(郊)线路需求

《中华人民共和国国民经济和社会发展第十四个五年规划和2035年远景目标纲要》《国务院办公厅转发国家发展改革委等单位关于推动都市圈市域(郊)铁路加快发展意见的通知》《住房和城乡建设部　国家发展改革委关于印发"十四五"全国城市基础设施建设规划的通知》等文件明确提出,要加快都市圈市域(郊)铁路的发展,统筹建设市域(郊)铁路并做好设施互联互通,提高服务效率,推动城市群都市圈交通一体化发展。市域(郊)铁路作为连接都市圈中心城市城区和周边城镇组团的重要交通方式,具有快速度、大运量、公交化运输服务的特点,能够满足通勤客流的快速通达需求。随着现代化都市圈建设的深入实施,市域(郊)铁路将成为连接城市群和都市圈的关键纽带,推动区域一体化发展。

2. 超大、特大型城市局部加密

对于超大、特大型城市而言,城市轨道交通网络的局部加密是提升城市交通效率、缓解交通拥堵的重要措施。《中华人民共和国国民经济和社会发展第十四个五年规划和 2035 年远景目标纲要》指出,要有序推进城市轨道交通发展,提升交通通达深度;《"十四五"全国城市基础设施建设规划》提出,要构建系统完备、高效实用、智能绿色、安全可靠的现代化基础设施体系,其中城市轨道交通是重要组成部分。超大、特大型城市通过织密城市轨道交通网络,可以提高网络覆盖水平,提高城市交通的便捷性和舒适性。

3. 大型城市建设成网

大型城市在城市化进程中,面临着交通拥堵、城市扩张等挑战。为了应对这些挑战,大型城市需要加快城市轨道交通网络的建设,形成完善的轨道交通体系。《住房城乡建设部关于全面推进城市综合交通体系建设的指导意见》强调,人口较多、交通压力较大的大中城市,要优化城市轨道交通线网,提高城市交通系统整体效率。大型城市通过建设成网的轨道交通系统,可以实现城市交通的快速、便捷、高效。这不仅可以缓解城市交通拥堵,还可以优化城市空间布局,促进城市经济发展。

4. 中低运能及文旅轨道项目

在城市轨道交通发展中,中低运能及文旅轨道项目也具有重要意义。《"十四五"全国城市基础设施建设规划》提出,Ⅰ型大城市应研究利用中低运量轨道交通系统适度加强网络覆盖,尽快形成网络化运营效益,符合条件的Ⅱ型大城市结合城市交通需求,因地制宜推动中低运量轨道交通系统规划建设。中低运能轨道交通系统具有建设成本低、运营灵活等特点,适用于城市次干道和支路等交通流量较小的区域。同时,文旅轨道项目也是城市轨道交通发展的重要方向之一。通过建设连接旅游景点和文化遗产的轨道交通线路,可以推动旅游业的发展,提升城市的文化影响力,也是国家大力推动轨道交通同旅游产业融合发展的生动实践。

二　国内城市轨道交通更新改造、"双碳"转型的机遇期

在中国城市轨道交通的快速发展历程中,更新改造不仅是提升运营效率、保障乘客安全的关键环节,更是推动城市轨道交通系统向可持续发展转型的重要契机。当前,随着《交通运输大规模设备更新行动方案》的深入实施,全国各城市积极响应政策,推动城市轨道交通设备更新,城市轨道交通领域正迎来一场前所未有的变革。

1. 车站设备、车辆及信号系统更新改造

车站作为城市轨道交通的门户,其设备现代化程度影响着出行体验和运营效率。伴随技术进步与乘客需求多样化,安检安防、自动售检票、通风空调与照明、站台门与电扶梯等多方面的更新改造愈发关键。这既能加大安全"技防"保障,提升购票、安检效率,优化乘客流线,还可提高车站舒适度与美观度,提升乘客的出行体验,推动绿色低碳发展。

车辆及信号系统是城市轨道交通运行的核心,关乎运营安全与效率。老旧的车辆和信号系统难以满足当下需求,更新改造势在必行。地铁车辆更新可提升运营效率,采用新型列车能减少延误故障、促进节能减排、改善乘坐环境、提高乘客满意度。信号系统更新改造能增强列车运行的安全性、便捷性与高效性,可精准调度列车,提升线路运力,缓解城市交通压力。抓住这些更新改造机遇,对于提升城市轨道交通系统的运营效率、安全性和乘坐体验,以及推动行业可持续发展转型具有重要意义。

2. 数智化及适老化改造

当下,数智化改造业已成为可持续城市轨道交通运营的核心导向。凭借互联

网、大数据以及人工智能等先进技术的深度赋能,城市轨道交通系统逐步构建起智能化的管理与运维体系,此举对运营效率的显著提升以及服务水平的卓越优化均有着不可忽视的推动作用。同时,数智化改造亦致力于为广大乘客营造更为便捷、更契合个性化需求的出行体验,切实提升乘客出行的获得感与满意度。

城市轨道交通作为城市公共交通体系的关键构成部分,承载着服务社会大众的重要使命,理应对老年人这一特殊群体的出行需求予以高度关切。基于此,积极开展适老化改造工作势在必行,如科学规划并增设无障碍设施,全方位保障老年人出行的顺畅性;精心打造便捷高效的购票渠道以及细致入微的乘车服务等举措,皆旨在全方位增强城市轨道交通系统的包容性,确保老年群体能够安全、便捷地畅享公共交通服务,彰显城市公共交通的人文关怀与社会责任担当。

3. "双碳"转型及供电系统更新改造

在"双碳"背景下,城市轨道交通的节能减排和绿色化发展已成为必然趋势。通过实施"双碳"转型策略,如推广使用新能源地铁车辆、优化线路节能设计、采用绿色建筑材料等措施,可以显著减少城市轨道交通的碳排放,推动行业向绿色低碳转型。供电系统更新改造是提升城市轨道交通能效的重要途径,采用先进的绿色电力调度、智能配电系统、无功功率补偿装置等技术,可以有效提升绿色电力使用比例,降低电能损耗,提高供电质量,减少运营成本。同时,推广使用可再生能源,如太阳能、风能等,为城市轨道交通系统提供绿色电力。此外,通过优化供电系统的运行策略,如调整列车运行图、降低车站照明亮度等,也可以进一步降低能耗和碳排放。抓住"双碳"转型及供电系统更新改造的机遇期,不仅可以推动城市轨道交通行业的绿色低碳发展,还可以带动相关产业链发展,如新能源车辆制造、绿色建筑材料生产等,为经济社会的可持续发展贡献力量。

三　TOD综合开发项目大规模投入运营的机遇期

在国家积极推动城市高质量发展、倡导绿色出行与集约用地的宏观政策背景下,TOD综合开发项目大规模投入运营为国内城市轨道交通运营可持续发展带来重要机遇。在实践中,其利于整合土地资源与商业资源,实现增值反哺,缓解资金压力;打造多功能空间,优化客流组织,提升运营效率与服务质量;还能构建综合交通体系,增强城市宜居性,全方位助力城市轨道交通运营可持续发展迈向新高度。

1. 促进资源整合与协同发展

TOD模式强调交通方式的无缝衔接与一体化融合,以公共交通站点为核心,深度整合城市轨道交通与公交、出租车等其他交通方式。通过精心规划交通流线、完善换乘设施布局,让乘客能便捷地在不同交通方式间转换,减少出行耗时与精力损耗。由此催生出众多综合交通枢纽,多种交通汇聚,提升了城市交通网络整体效率,增加了城市轨道交通换乘客流,拓展城市轨道交通辐射范围,巩固城市轨道交通在公共交通体系中的关键地位,为民众提供多元出行选择。

同时,TOD项目投入运营后对周边产业带动作用明显,能形成产业集群效应。城市轨道交通运营企业可实施"站城一体策略",与周边商业、办公、文化、旅游等产业积极合作,比如联合打造与运营商业综合体、举办文化活动、开发旅游线路等,共同构建产业生态,实现人力资源、设备资源、空间资源、客流资源、数据资源、品牌资源的共享、立体、协同发展。这不仅推动城市经济蓬勃发展,而且能为城市轨道交通运营创造更有力的经济支撑,助力城市轨道交通运营高质量、可持续发展。

2. 拓展收入来源

TOD项目可在多方面为城市轨道交通运营企业创造收益,有力推动城市轨道交通可持续运营。在土地增值收益层面,TOD项目以公共交通站点为核心实施高强度开发,带动周边土地价值上扬,城市轨道交通运营企业可通过参与开发或分享增值收益实现资金流入;在物业开发与经营收益方面,在 TOD 综合开发中,企业可围绕站点开发涵盖住宅、商业、办公等多元物业,物业销售、租赁及后续管理所获收入将有效拓展运营资金来源渠道,并利用地下隧道的富余空间为入驻 TOD 的重点企事业提供专线入廊;在广告及商业合作收入方面,TOD 项目大规模投入运营后,将为广告与商业合作开拓广阔空间,为城市轨道交通运营企业带来额外的广告租金与合作收入。

3. 增加客流持续性

TOD 项目将多种功能融合于一体,打造出便捷、舒适的生活工作环境,吸引了大量人口聚集在站点周边,这使得城市轨道交通站点的客流得到显著增加,进而提高票务收入。如大型 TOD 综合体中的写字楼、购物中心等会吸引大量上班族和消费者,他们日常的通勤和消费出行会更多地选择城市轨道交通。同时,随着 TOD 项目的不断开发和完善,城市轨道交通的客流辐射范围也会相应扩大,一些原本距离城市轨道交通站点较远的居民和企业,会因 TOD 项目带来的便利而选择使用城市轨道交通,进一步增加了城市轨道交通的潜在客源。